大夏书系·教师专业发展

教育机智

优秀教师专业发展必备素养

吴春来————主编

 华东师范大学出版社

全国百佳图书出版单位

·上海·

图书在版编目（CIP）数据

教育机智：优秀教师专业发展必备素养 / 吴春来主编 . —上海：华东师范大学出版社，2021

ISBN 978 - 7 - 5760 - 2292 - 6

Ⅰ.①教 ... Ⅱ.①吴 ... Ⅲ.①师资培养—研究 Ⅳ.① G451.2

中国版本图书馆 CIP 数据核字（2021）第 235715 号

大夏书系·教师专业发展

教育机智：优秀教师专业发展必备素养

主　　编　吴春来
责任编辑　卢风保
责任校对　杨　坤
封面设计　奇文云海·设计顾问

出版发行　华东师范大学出版社
社　　址　上海市中山北路 3663 号　邮编　200062
网　　址　www.ecnupress.com.cn
电　　话　021 - 60821666　行政传真　021 - 62572105
客服电话　021 - 62865537
邮购电话　021 - 62869887　地址　上海市中山北路 3663 号华东师范大学校内先锋路口
网　　店　http：//hdsdcbs.tmall.com

印 刷 者　北京密兴印刷有限公司
开　　本　700×1000　16 开
插　　页　1
印　　张　14.5
字　　数　222 千字
版　　次　2022 年 1 月第一版
印　　次　2022 年 1 月第一次
印　　数　6 100
书　　号　ISBN 978 - 7 - 5760 - 2292 - 6
定　　价　52.00 元

出 版 人　王　焰

（如发现本版图书有印订质量问题，请寄回本社市场部调换或电话 021-62865537 联系）

编 委 会

主　　编：吴春来

执行主编：李苏芳

副 主 编：胡娟芳　杨琴华　廖亚男　姜力强

参编人员（排名不分先后）：

姜灵妍	唐艳丽	李苏芳	胡娟芳	唐晓荣	付香成
文　惠	欧阳睿	姜力强	谢海波	付廷姿	杨琴华
张安平	高艳丽	胡海鸥	唐曙光	李凯勇	蒋冰芝
曾　琳	廖亚男	刘小勇	蒋淑玲	唐宜琴	赵华峰
蒋会太	王文丽	伍丽琼	蒋佳新	王争艳	李艳芳
胡满玲	蒋元平	蒋美光	范　馨	唐　蕾	刘　苏
李亚平	王　林	杨华秀	吴春来	齐艳春	欧阳春玲

　　三年前我带领"春来咏语"教研团队成员悟课，要求每人花一年时间研究一位名师的一堂课，看起来极笨的方法，却让他们沉潜在课堂里，从课堂导入、提问、结构、语言诸方面详尽钻研，后来成果集结成《教师喜爱的36堂名师语文课》，此书已重印多次。回想那段悟课的日子，百感交集。

　　事实上，教师的成长，如果仅仅就课谈课，那是远远不够的。优秀的教师一定要对教育有着深刻的理解，课堂上一定要实现育人这一目的。对教育理解越深透，课堂也就越灵透。于是我带领团队研究教育故事，希望他们从自己的教育故事里去领悟教育的真谛。去年年初，大夏书系编辑卢风保先生约我主编一部体现教育机智的书，期望给一线老师带去启迪，书名定为《教育机智：优秀教师专业发展必备素养》。他的提议正合我意，我欣然应允。

　　《教育机智：优秀教师专业发展必备素养》一书分四辑：教育在拐角处，教育在等待时，教育在生成里，教育在无言中。

　　写稿之初，我们就许下一个心愿：

　　在我们的书稿里，读者会看到教育背后不为人知的真实故事，会读到孩子改变背后随处可见的育人机智。这是一群教育人的集体智慧，一群奋斗者的集体记忆，一群孺子牛的集体影像！

　　于是，老师们用质朴的语言去还原他们的教育故事，去勾勒每一处育人细节，曾经的那些熟悉场景，或喜或悲，或欢或痛，一一铺展开来：有斗智斗勇的奇闻，有一波三折的劝说，有柳暗花明的偶得，有催人泪下的艰辛。

我们可以置身其间，去感受这些耕耘杏坛的青年教师们，如何用热血浇筑着理想，如何用智慧抒写着青春，如何用信念编织着明天。

孤灯下，老师与家长一起寻找患上网瘾的孩子；老师不惜透露自己青春羞涩的往事，引导学生回到正常的学习轨道上来；那位手有残疾的孩子被老师细心呵护……

如果没有老师们当初倾注的爱，没有那时的机智处理，孩子们的人生不知会走多少弯路。常听人言：教育是爱的事业。而实际上，教育光有爱还不够，它也需要耐心，更需要智慧。面对突发事件、棘手难题，如何机智处理，尤显重要。一个个鲜活的故事告诉我们：教育不是万能的，没有机智而只靠简单粗暴的方式是万万不能的。

细读书稿，不难发现：教育的真谛，并不是一句苍白的宣言或口号，它常常蕴藏在平凡的教育故事里。但我又以为，教育是感性的抽象，亦是抽象的感性；有情趣的温暖，亦有理智的冷静。马克斯·范梅南说，教育生活是一个不断进行阐释性思考和行动的实践，就是要不断识别对于某个具体的孩子或一群孩子来说什么是好的，什么是不好的、不恰当的。我读着这一篇篇文字，感叹着这些故事，我分明看到了一个个智慧的闪光点，于是我执笔，为他们的故事提炼出一个个观点，希望更多的老师们能够参与到教育的阐释性思考当中来，共同去探讨教育的本原。这正是此书的重要价值所在。

"春来咏语"教研团队的老师们，他们好学，他们勤勉，他们有悟性、有持恒力；在他们的教育叙事里，有智慧闪耀，有赤子丹心，这恰恰是理想信念、道德情操、扎实学识、仁爱之心的充分体现。我欣赏他们淡泊名利的行事风格，正因为淡泊，才对学生没有功利的私念，才会对学生成长精心呵护。

今天，一个于我有着独特生命含义的日子。我独坐夜里，办公室外繁星璀璨，清风拂面而来，《教育机智：优秀教师专业发展必备素养》恰逢特殊之日完稿。这样的日子，留下这些文字，有了不一样的意义！我坚信，一个时代一定会留下一个时代的教育足迹；后之览者，亦将有感于此。

吴春来

2021 年 5 月 2 日

目录

第二辑　**教育在等待时**

第三辑　**教育在生成里**

第四辑　教育在无言中

PART 1

第一辑

教育在拐角处

傍晚时分，落霞映照着校园，清新的空气里弥漫着一股青春的味道，荷花池的夏莲正展露出迷人的笑容，我又遇见了他的母亲……

教育在拐角处

吴春来

语文课上，小 A 突然嚎哭起来，时不时地用手拭去眼角的泪水。

他的哭，真让人莫名其妙。我没有批评他，同学也没有欺负他，我紧蹙着眉头，百思不得其解。

课后，我把他叫到小房间询问原因，他还是嚎哭，鼻涕流得老长，时不时地用手去拧一拧，然后往身上擦一擦。忽然他身子一紧，低着头，哀求着说："老师，我想转班，我实在读不下去了。"

"转班？"我心头为之一颤，问道，"为什么要转班？"

"我不适应这个班，我实在待不下去了。"他仍低着头，流着眼泪，鼻涕比刚才更多了。

"你真要转班，那你就转吧，你想去哪个班？我给你签字就行！"我淡淡地说。

他离开了小房间，低着头。

难道我做错了什么？我一直对他很关心，他一定是遇上了什么麻烦，我暗想。

当我刚想下楼时，他母亲来了。这是一位身子单薄、皮肤黝黑、头发蓬乱的中年妇女，看见我想喊却又不敢喊，最后粗声粗气大喊一声："吴老师，你好！"整栋教学楼都响起了她的声音。我低声说："你好，刚才你家孩子说要转学！""啊，他想转到哪里去啊？"他母亲奇怪地大呼道。然后她又大喊一句："干脆转回县城去算了！"

"我们一中是全市最好的学校，没必要吧！"

"算命先生说过的，北边对他不利，他读书会越来越差的。"

"我们还是找孩子说说吧！"我压低声音。他母亲跟着我来到小房间，小A也来了。

"你到底怎么想的？你要转到哪里去？"

"我就是想转班，这里我待不下去了！"

"你干脆别读了！"

"不读就不读！"

"那就跟我回县城！"

"要得！"

他们母子争吵的声音越发大起来。我再次问他："你为什么要转班？"

"我不适应你！"他抬高了嗓门。

"高一时你说屈老师不好，现在又说吴老师不好！你到底要怎么样？"

"反正我要转班！"

母子俩又一次争吵起来。

"你们先商量商量，下午再来找我吧！"我怅然若失。一句"我不适应你"像一把无情的刀深深地刺向我的心窝。

突然间，我有一种想放弃的念头。既然他选择转班或者转校，随他吧，我也懒得管了。但又想起自己曾对学生们许下的不放弃、不抛弃的承诺，思想开始争斗起来。

下午，我到学校主动去找了他。他跟我来到办公室后，便低着头站着。我说："你是我比较欣赏的学生，刚认识你时，你的那番演讲给我留下了深刻的印象。"他略略抬了抬头。

我接着说："你的演讲激情洋溢、书生味浓，很有一股指点江山的霸气。"此时他的嘴角开始上扬，显得不那么拘谨了。

"你文笔老练，阅读广泛，总能引经据典，我一直很喜欢你。"我笑着说。他也笑了，偷偷地望了我一眼，充满着惊奇。

我问道："你真的要转班吗？"

他摇摇头："不想了！"

他跟我说了许多心里话，说我对他关心不够，没有把他放在心里。还有一次，我在教室公开批评学生，他以为我在批评他，伤了他的自尊。

离开办公室时，他向我鞠躬，轻轻地说："老师，对不起！"

学生的道歉，让我的内心翻江倒海。

傍晚时分，落霞映照着校园，清新的空气里弥漫着一股青春的味道，荷花池的夏莲正展露出迷人的笑容，我又遇见了他的母亲，我笑着说："你孩子不转班了！"

他的母亲似乎也很开心："谢谢你了，吴老师。他一直很尊敬你的，说你上课上得好，他很喜欢读书，就是想让你注意他。"

然后她面带愧色地说："我不会说话，只晓得骂他！"

听着这位母亲的话，几许自责涌上心头：还有多少爱，我没有表白？还有多少关心，从我眼皮下悄悄地溜走？如果他真的转班了，我尽到教育的责任了吗？如果没有下午的谈话，也许他真的走了！他应是带着遗憾，带着误解，带着失望而走的。

其实，教育不是一张空头支票，它就在学生情感的拐角处，就看你有没有爱心和耐心，也要看你是否能适时化解矛盾、机智地处理问题。

打开心结，过程评价

学生突然要转班，这是一次突发事件。面对学生的选择，我们千万不可急着回答，要学会冷静处理。教育是一门智慧之学，智慧的教育者一定会询问原因，弄清前因后果；询问的意义胜过没有任何调查的批评或表扬千万倍。当询问也毫无效果时，教师一定要俯下身子、放低身段跟学生谈心，说知心话。找一个安静的角落，或于校园的小木椅凳上促膝而谈，或在安静的办公室里敞开心扉，给学生以鼓励。此鼓励不是一种定性的教育结论，而是一种过程评价，需要教师基于细节去评价与肯定学生，唤起学生的自信。通过谈话，我们不难发现：学生想转班是对教师的误解所致，打开心结后，教育的空间就越发澄澈与明亮了。

智平"恨意"

付香成

上语文课的时候，教室里的气氛很热烈。突然，我看见萌萌趴在桌子上，似乎睡着了。我走过去，轻轻敲敲她的课桌，可她眼也不睁，侧身继续趴着。

哎呀，这情景不是和办公室的小赵老师遇到的一模一样吗？

上周赵老师在上课时，有一个男生睡着了。赵老师提醒他课堂上不能睡觉，他竟然表现得极不耐烦，继续睡。赵老师一下就火了，叫他到走廊上站着，男生根本不理睬，无论赵老师说什么，怎么说，硬是劝不动他。赵老师顿觉颜面扫地，脸火烧似的："你不走，我走！你们上自习吧！"撂下这话她就离开了。谁知那次"空课"，恰恰被值日的领导记录下来，还被写在了校务日志上。好事的学生像是发现了新大陆般，将一向工作勤恳从未缺过学生半节课的赵老师"上榜"的消息传遍整个班级。几个调皮的同学以为抓住了赵老师的软肋，公然与她作对。为此，赵老师愁眉不展，多次跟我诉苦。

有了这前车之鉴，我提醒自己要稳住情绪。我俯下身子柔声说："萌萌，你是哪不舒服吗？"萌萌仍未抬头。

"如果不舒服的话，下课去医务室看一下哦。"我补充道。

"装什么好心？"萌萌嘀咕了一句，尽管声音不大，但我却听得清清楚楚。周边的同学齐刷刷地望着我，我估计他们也听到了。顿时，空气有一丝凝固。

"萌萌，下课后，如果你不去医务室，来我办公室一趟吧。"我低声对萌萌说，转身平静地对大家说，"我们继续上课。"

下课了，我在办公室等了一会儿，萌萌没有来。我去教室一看，人不在，是否去了医务室，也没人知道。

我找到萌萌的同桌冉冉了解情况。冉冉告诉我，萌萌前一天就开始"恨"我了。原因是我在课堂上点名批评的字丑的同学名单里有她的名字，后面讲评作业，又拿她的作业投影，并说字实在难看……这分明是出她的丑，跟她过不去……

"老师，还有前天，萌萌说她看您很不舒服，老是一副'卖笑的样子'，恰好您迎面走来，心想您一定听到了她在说您'坏话'，所以今天就来'报复'了……"

原来如此！自己粗心大意，不经意间便"伤害"了萌萌。至于她说我了什么，我可压根就没听见呀。这孩子，怎么满是"刺"呢？我思前想后，终于明白：原来她敏感多疑的背后，是惧怕，是担忧，是不信任！我该怎样做才能让她相信，这只是一个误会，老师是完全接纳她并爱着她的呢？

直到下班，萌萌也没来找我。

第二天语文课，她虽然没有趴在桌子上，但整堂课耷拉着脑袋，一副魂不守舍的样子。

下课前几分钟，课讲完了，我说："我来给大家说一个关于女鬼的故事吧。从前，一对青年男女一见钟情。很快，两人便结婚了。有一天深夜，男的忽然发现心爱的姑娘变成了一个女鬼，她披头散发地站在床前，用她那长尖且闪出绿光的指甲，朝自己抓来……"

大家屏气凝神，"啊——"，个别胆小的女孩尖叫起来。

"这个时候，男青年怎么办呢？你们猜一猜。"我故意卖关子。

"抓住她！打！"

"赶紧跑呀！"

"用被子蒙住头。"

……

我摇头，说："这个男青年想都没想就抱住女孩。'亲爱的，你怎么了？亲爱的，你是不是很难受呀？'他反反复复地问，任凭女鬼的指甲将自己抓得遍体鳞伤，任凭女鬼的牙齿把自己咬得鲜血直流，他依然不肯放手。在他的坚持下，女鬼的指甲逐渐变短，面目逐渐温和，终于又恢复了原先的模样——清秀甜美。"

大家长长地舒了一口气。

我放慢语速说："现在，请大家想一想，生活中存在这样的女鬼吗？"

"没有！"有几个人斩钉截铁地回答说。

"不！有的！"我坚定地说，"其实，我们每个人都有青面獠牙、像鬼一样狰狞的时候，比如在你误会他人的时候，在你愤怒的时候，在你气急败坏、蛮不讲理、口不择言的时候，就像这女鬼，势必会伤害别人……如果你觉得自己也有青面獠牙的时候，请你举起手，好吗？"

慢慢地，讲台下举起来很多手，萌萌也缓缓地举起了她的手。

我继续说："如果你成了女鬼，有没有人宽容你，像故事里的男青年一样？"

大伙儿又一次陷入了沉思。

"请相信现实里有这样的人，他们容忍你们，心疼你们，深爱着你们！这时候，能紧紧抱住你，问你'怎么了，是不是很难受'的人，可能是你的父母……"同学们纷纷点头。

我接着说："此外，还有我——你们的语文老师！从第一天给你们上课开始，我就和你们连在了一起，我知道你们有缺点，我也有。我接受你们的缺点，并不仅仅是因为你们优秀；我关心你们的成长，并不仅仅是因为成绩！因此，面对你们的顶撞、误会甚至伤害……我不会逃跑，不会责备，我会紧紧地抱住你们，一遍遍询问：'孩子，你怎么了？你是不是很难受呀？'直到你们的指甲慢慢变短，直到你们的面容再次甜美俊秀。"说最后一句话的时候，我把目光投向了萌萌。

下课以后，萌萌来到了我的办公室，微笑着走向我……

"人活着，像航海／你的恨，你的风暴／你的爱，你的云彩……"此时，我倚窗独坐，读绿原的《航海》。窗外，朵朵出岫的白云，轻沾斜阳的余晖，冉冉地卷，款款地舒，风动时动，风止时止。一天的光景，就这样悄然而过。

给学生讲一个故事

学生对老师有"恨",这"恨"从何而来?

来自老师的大大咧咧,不经意的言行;来自学生心智不够成熟,对外界认识不够全面,外加一颗敏感脆弱的心。有些学生把"恨"留在心里,不听课不学习,消极应对;有些学生把"恨"表露在外面,当众"顶撞",公然"作对"。

面对学生的误会、"恨意"和顶撞,老师需要克制,掌控好情绪。此刻,不妨讲一个故事。

故事生动形象,情节引人入胜,道理深刻明了,令人经久不忘,不仅体现老师的素养,而且融洽师生关系,实乃育人之良策。

而要做到这一点,老师需要具备良好的情绪管理能力,需要给予学生充分的尊重、信任和完全的接纳,还需要有大量的阅读、丰富的积累。如果有了这片土壤,那么教育的机智就会破土萌芽,吐蕊绽芳。

"教"在左,"育"在右

谢海波

"同学们,课本剧表演的注意事项就是以上这些,其中最重要的是团结协作,互相配合。好了,今天的课上到这里。大家回去后排练课本剧《皇帝的新装》,以小组为单位,按照抽签顺序,每组排练一幕。明天语文课上表演……"

"嘭!"

突然,一声巨响打断了我的话。紧接着,是一连串噼里啪啦的声音。

我循声望去,只见教室靠后门的地方,一张课桌被推倒在地,书本文具散落了一地。

"你给我扶起来!"桌子的主人是一个高个子男生,正怒气冲冲地瞪着他前排的女生。

"就不扶!是你先挤我的!"女生双手叉腰,毫不示弱地吼道。

又是她,小Y!这孩子学习成绩还行,各方面能力也不错,就是性格张扬,跟同学处不好关系。入校不到一个月,这已经是第三次惹事了!第一次是因为不愿意同桌从她的座位旁边进出,起了纠纷;第二次是因为前排同学的椅子撞了她的桌子影响她写字,大打出手。这一次又是为什么呢?我快步走到他们的座位旁,看着剑拔弩张的两人,说:"你们是怎么回事呀?"

"老师,是他先动的手!我听课听得好好的,他在后面用桌子挤我!"小Y抢先说道。

"没有,老师,我没有挤她,我就是想扯一下组长的衣服,告诉组长我要演皇帝。"

"我要演皇帝的!"

"我演皇帝！"

"我演！"

两人又大吵起来。此时，我已经大致猜到推桌子事件的原委了，估计是男生向前扯组长衣服的时候，不小心推动了自己的课桌，挤到小 Y 身上了。依小 Y 从不让人的火爆脾气，哪会吃半点亏，肯定是当场发飙，把男生桌子推倒了。唉！真是个让人头疼的孩子！大道理和她说了不少，每次都是当面答应得好好的，转身依旧我行我素，屡教不改啊！怎么办？我正思忖着，下课铃响了，已到了中餐时间。我只好先宣布下课，准备午休时再来处理。

饭后，我来到教室，扶起被推倒的课桌，把小 Y 叫到了隔壁的办公室里。"小 Y 啊，这课本剧表演讲究团结协作，互相配合，做人也是如此啊，也讲究和睦共处、互相帮助……""知道的，老师！我还得去背台词呢！"看着小 Y 漫不经心的样子，我只好先放她回教室。看来她对这类老生常谈的话，早就有了免疫力，用这招，不灵啊！

第二天，《皇帝的新装》课本剧表演如期举行。教室中间的临时舞台上，各小组成员依次上场，《皇帝爱新装》《骗子做新装》《老大臣看新装》《官员看新装》，一个个节目精彩上演。小演员们认真投入，配合默契，赢得了台下观众的阵阵掌声。皇冠、手杖、华盖，一件件自制的道具更是给表演增色不少。89 分，91 分，92 分，评委们相继亮出的分数引来阵阵尖叫声。

终于，轮到小 Y 他们组上场了。他们组表演的是《皇帝展新装》。小 Y 如愿扮演了皇帝。只见她头戴一顶用纸折的皇冠，手执一根树枝做成的权杖，昂首挺胸地踱了出来。这装扮，这气势，演得真像！观众们情不自禁地喝彩。小 Y 更得意了，眼睛望向天花板，大幅度地踢着腿，摆动肩膀，甩起双臂，在舞台中央绕起了圈子。这是在向大家展示"皇帝"的"新衣服"呢！这傲慢的表情真是绝了！更绝的是她身后跟着的两个"侍从"，弯着腰，伸着双臂，小心翼翼地帮她托着"后裙"，那严肃认真的样子让人忍俊不禁。就在大家都以为他们组稳操胜券的时候，意外出现了——"皇帝"的步子迈得太大，速度太快，"侍从"们则小心地走着碎步，速度过慢，转眼间，双方就拉开了一大段距离。又走了一会儿，"皇帝"竟转到"侍从"后面去了。偏偏双方一个抬头看天，一个低头看地，谁也没发现对方。突然，只听"哎哟"一声，"皇帝"一脚踢在了一位"侍从"的屁股上。这一脚力道可不轻！"皇帝"吓得愣住了，不知如何是好。"侍从"踉跄了几步，回过头，冲"皇帝"笑了笑，眨了眨眼，那表情似乎在说："我没事，我们继续啊！""皇帝"这才反应过来，慌忙调整姿势，仰起脑袋，谁知用力过猛，"皇冠"掉下来了，真是祸不单行！"皇帝"赶紧弯腰捡起"皇冠"，想簪到头发上，可是手忙脚乱的，怎么也簪不稳。最后只好一只手扶着"皇冠"，一只手甩臂，强撑着演完了后面的戏，草草退了场。

分数公布的时候，小 Y 他们组以两分之差，痛失"最佳表演奖"。看着小 Y 闷闷不乐、若有所思的样子，我灵机一动，这不正是引导小 Y 自我反省的良机吗？

表演结束后，我趁机布置了一篇作文——《由课本剧表演想到的》，要求同学们总结得失，分析原因。作业收上来后，我意外地发现，里面夹着小 Y 写给我的一封信。信中，她写道：

老师，您说得对，课本剧表演，最重要的是团结协作，互相配合。我们这次演砸了，就是因为没配合好。表演前，我只是一个人在练习，从来没和"侍从"们排练过。道具师做的皇冠，我也从来没有试戴过……

我一直以为我很厉害，在家里是这样，在学校也是这样，没想过要和别人好好相处，也没考虑过别人的感受。以后，我一定改……

老师，以后，您要是再看见我乱发脾气，您就狠狠地骂我一顿，提醒我，好吗？……

放下本子，一种从未有过的轻松感涌上心头。教育，我们通常只强调"教"，总想着由外而内地施"教"改造，殊不知，"育"也同等重要，由内而外地培"育"并激发其自觉意识，往往能够迸发出更加强大、更加持久的精神力量。

窗外，晨风轻拂，鸟啼婉转，一轮红日喷薄而出，崭新的一天开始了……

给自省者搭桥

有一种教育形式是自我教育。作为教师，要帮助学生形成自我教育的能力。

本案例中，小 Y 是一名个性张扬、偏激固执的学生，以自我为中心，忽视甚至无视他人感受。这样的学生往往很难听得进他人的劝导，只有设法令其内心有所触动，进行自我检查、自我评价、自我纠正，即引导其自我教育，方为上策。

怎样才能引导学生进行自我教育呢？给自省者搭桥是关键。教师在学生表演失利、情绪低落、自我评价产生动摇的关键时刻，及时抓住教育契机，用布置反思作业的方式，让学生将抽象的情绪转化为具体的文字，为学生搭建了一座自省的桥梁。借助这一桥梁，学生在集体自省的氛围中进行个人自省，没有孤独感，不会产生反感情绪和排斥心理，能够比较冷静、客观地反观自照，进行比较深入、比较全面的自我剖析和自我纠正，从而达到自我教育的目的。

回眸处，那一片西天的云彩

胡海鸥

"叮铃铃"，上课铃响了。我怀着激动的心情，迈着稳健的步伐走进教室，我期待地环视教室，看到的却是这样一番情景：刚上完体育课的同学们像一群欢快的小鸟在叽叽喳喳，汗水从额头顺着脸颊往下滴，满脸通红，完全无视站在讲台上的我……

我故意用力地清了清嗓子，想把同学们的目光吸引过来。今天，为了准备讲授《再别康桥》这首诗，我可是特意下了一番功夫。

同学们安静了下来，他们好奇地上下打量着我，像发现了新大陆一样，教室里又沸腾了。有的同学说我穿的衣服太复古了，有的同学说我的绅士礼帽很好看，有的同学猜测这节课老师莫非要演戏？

我顺势回答："是的，同学们，今天我穿着这身行头就是要带你们领略一下诗歌朗诵的风采，下面让我们开启一场寻美之旅吧！"

轻柔的背景音乐响起，身着中山装、头戴绅士礼帽的我在学生中间一边踱着一边吟诵："轻轻的我走了，正如我轻轻的来……"我时而含情脉脉，时而低沉伤感，时而深情望向远方，时而挥手作别。

学生们都沉浸在我的诗歌朗诵之中，有的还下意识地轻轻跟着我朗诵。就在我动情吟诵的那一刻，有个同学居然笑出声来，这一声哂笑，在正要陷入诗境的教室里荡漾开来，如同一个年轻妈妈使尽洪荒之力刚哄睡哭闹不止的婴儿，却又被噪音生生吵醒。我循声望去，看到一个男生捂着嘴，装着要打呵欠的样子，掩饰着那来不及收敛的笑意，他还用狡黠的目光看着周围的同学。眼看同学们的注意力被他悉数牵系过去，我没有迟疑，继续朗诵诗歌。当我朗诵完后，我微笑着说道：

"在听老师朗诵这首诗歌时，很多同学融入到了诗境中，那么这些同学一定是有一段感人的故事，老师的课文朗读引发了他们对自己喜爱的人或事物的回想，触动了离别的辛酸回忆，与诗共情了。刚才也有笑得很开心的同学，这样的同学应是非常幸福，诗歌里一幅幅美丽的画面触发了他丰富的想象和柔软的内心……"

课堂继续向前推进……

突然，一个声音在教室里不合时宜地响起来："徐志摩就是一个渣男，是花花公子，是金庸的表哥。金庸对他特别反感，所以他的武侠小说中所有表哥的形象都特别不好。"这个声音简直是"石破天惊"，如同一颗炸弹把西天的云彩炸得消散殆尽！

我定睛一看，又是刚才笑出声的那名男同学。他突如其来的话语打断了我的讲话，教室里先是一阵沉默，继而同学们哄堂大笑起来。笑完后，所有的目光都聚集到了他的身上。

那位同学脸唰地一下就红了，头埋得很低，不安地用手搓着课桌上的污渍。这一声乍起的惊雷让课堂所有的渲染和铺垫变得苍白无力，同学们尴尬地望着我，课堂变得凝滞。我沉思了一会儿，缓缓说道："同学们和老师一起看看徐志摩究竟是不是这样一位'表哥'，好吗？"

我抓住这名同学普通话标准、善于朗诵的优点说："下面我们有请小 T 同学给我们示范朗读《再别康桥》，通过他的朗读去体会诗的情，诗的意，诗歌背后那真实的人。"

在同学们的掌声中，他站起来，声情并茂地朗诵："轻轻的我走了，正如我轻轻的来；我轻轻的招手，作别西天的云彩……"其发音之准，声音之洪亮，情韵之和谐，都出奇的好。读完后他自豪地看了看我，高兴地坐下去了。教室里再次响起了热烈的掌声。教学又回到了正常的轨道上。

"小 T 同学，你刚刚读诗那么好，饱含了情韵，可否和同学们说说，要带着怎样的感情才能读好诗歌？你来教教大家好吗？"

"小 T 同学，你认为诗人是在怎样的情境里写下这首诗的，我们该如何界定诗人的情感呢？"

……

课堂交流环节，小 T 同学热烈地参与进来，和同学们一起溯游在诗意的康河上，沉醉在美丽的诗境里。是啊，"盈盈一水间，脉脉不得语"，"此情可待成追忆，只是当时已惘然"。在这怅惘的康河上，每一次想起，就像是一场岁月的重温，那绵密的情意都还在，在相望的眼神里，在脚下湍急的河流里，悠远，没有尽头。就让爱情归于爱情，让生命归于生命，让灵魂始终轻盈，让眼眸永远清澈。于是这怅惘中的追忆，在徐志摩的《再别康桥》里美成了秋水不恋涟漪的纯净和忠贞。这样的爱，这样的空灵，这样的纯粹，穿越时空，荡涤着同学们的心灵。

课后，翻开同学们的课堂随笔，我看到小 T 同学写下了这样两段话：

诗人带着满腹怅惘悄然离开了康桥。后来，这位惊艳文坛的翩翩佳公子，将凡尘中的风骨、才骨、傲骨演绎至绝美的时刻，戛然而止，遁入空难，给世人一片惊愕。徐志摩关上了琴棋书画、风花雪月的缱绻缠绵的红尘，令世人拍遍栏杆，终是守望不到再一次的回眸……这样的戛然而止，乃生命不堪承受之重。然而，他在康河上留下的怅惘，却化成了修行的圣洁和朝圣的虔诚，化成无怨无悔、无求无索，唯有爱着的圆满。

于怅惘中心甘情愿珍惜与陪伴一生，何尝不是一种可幸？值得被一生守望与呵护，又何尝不是另一种可幸？他是美的化身，一生追寻爱、性灵、自由……

此时，窗外，云彩翩然，君子湖边的金柳，摇曳在轻柔的微风里。

转个弯再说话

苏霍姆林斯基有一个十分精彩的比喻："要像对待荷叶上的露珠一样，小心翼翼地保护学生幼小的心灵。晶莹透亮的露珠是美丽可爱的，却又是十分脆弱的，一不小心，就会破碎，不复存在。"学生的心灵，就如同朝露，需要教师倍加呵护。尊重转折法则是一种呵护学生心灵的有效的教育机智。

老师课前精心准备了教学活动，学生却一片哄闹，视而不见，此刻老师及时转个弯说话，巧妙地把学生的思绪调动到课堂学习中来；老师在课堂上动情地朗读，学生却突然笑出声来，此刻老师还是选择转个弯说话，为学生的哂笑搭一个台阶，也为课堂疏浚堵塞的河道；课堂继续推进时，学生惊现"徐志摩是渣男"的言论，再次"搅局"，老师依然转个弯说话，让小T同学示范朗诵，让他带领同学们自主深入感受诗歌的美，寻找一个真实的诗人。于是，诗歌那清丽空灵的语言，优美飘逸的神思，回环复沓的音节，炽烈深沉的情感，让学生看到了一个飘逸在云端的诗人。

面对课堂上突如其来的"意外"，教师可以利用一种转折，转个弯再说话，化意外为契机，顺势推进课堂，曲径通幽，实现教学目标。

花期的守护

付廷姿

春日融融，微风习习，杜鹃花的花期到了，花坛里花团锦簇。一丛丛紫红，一团团深红，一片片粉红，密密匝匝，泼泼洒洒。

第四组的孩子们正在打扫花坛旁的水泥通道，这是我班的公共卫生区。而我，走在从教学楼去往办公楼的路上。风儿飘送过来的淡淡花香诱发了我赏花的兴致，我决定绕道往花坛走，也顺便察看一下打扫情况。

远远望见孩子们各自低着头，弯着腰，或扫地，或用撮斗装垃圾。有几个同学偶尔直起腰来，看一眼花坛里的杜鹃花又继续打扫。孩子们表现不错！我暗想。走近一点再看，咦，怎么有一个男同学和一个女同学靠得那么近？好像在窃窃私语。我加快了脚步，掩身在一株铁树后面，探出脑袋细细打量：女孩的脸上泛着红晕，娇羞得像一朵粉色的杜鹃花；男孩一副手足无措的样子，却不由得跟在女孩身边，越凑越近。我忘了是谁说的"唯有爱情和咳嗽无法掩饰"，很显然，这两个孩子懵懵懂懂地有了青春期的心动。

这两个孩子，我是极为看好的。女孩叫王婧（化名），文静秀气，热爱阅读，双语成绩拔尖。男孩叫陈豪（化名），白净高大，戴一副黑框眼镜，文质彬彬，成绩在班上也是名列前茅。他们都是冲刺重点高中的种子选手。

教师的直觉告诉我必须不动声色。我故作轻松地迎面走过去，边走边喊："打扫得不错，抓紧时间，赶快进教室。"两个孩子像是听到猎人的枪声后受到惊吓的兔子，一下子拉开了距离。

回到办公室，心底的焦躁浮了上来。我踱来踱去，试图理清头绪。这两个孩子从什么时候开始的？我怎么到今天才看出端倪，平时就没察觉出蛛丝马迹？不，不，……仔细想想，上一周班级诗歌朗诵比赛的氛围就有点不同寻常。

语文教科书九年级上册的第一单元是诗歌，学完课文后有一个诗歌朗诵的任务，为此，我决定举办一场班级诗歌朗诵比赛。为了人人得到锻炼，个个得到提高，我要求八个小组自主选择五首诗歌中的一首，组队进行排练，自编自导自演。王婧、陈豪所在的第四组选择朗诵余光中的《乡愁》。

第四组的七个同学——两男五女，齐刷刷地站在了讲台上。组长王婧站在正中间，陈豪和另外一个男生站在她的两侧。物以稀为贵，两位男生像红花似的，被绿叶般的女生簇拥着。组长也是用心良苦呀，我不禁莞尔。

他们的编排很有创意，两人一组合作完成一节诗歌。最左侧的两位女生朗诵第一节，正好王婧和陈豪合作朗诵第二节。他们俩同时向前迈了一小步，齐诵着"长大后，乡愁是一张窄窄的船票"。接下来的诗句被一分为二，王婧动情地朗诵"我在这头"，而陈豪透着羞涩和思念，回应"新娘在那头"。与前两位同学的处理方式一样，但因为特殊的诗句内容产生了戏剧性的效果。教室里顿时响起热烈的掌声，但掌声泛起的涟漪不足以排解孩子们情绪的波澜，渐渐地，笑声盖过了掌声。台上的王婧、陈豪臊得脸颊绯红。

那会儿我只当是寻常的害羞，现在回想起来，还真是有些异样。那天同学们起哄的热情格外高涨，同台表演的几个同学笑嘻嘻地掩着嘴，在嘀咕什么。

唉……

沉下心来想想，每个人都经历过青春期，那时的我又是怎样的呢？我会对穿着打扮上心，在男生面前刻意保持良好的仪态；我会关注虽然叛逆但长相帅气的男生，对他们充满好奇……哦，想起来了，我曾给坐在相邻大组，虎头虎脑的高同学写过纸条。若那张纸条被班主任知晓，班主任又向我的父母告发，那我和高同学难免会被贴上"早恋"的标签……哦，这种打击简直是毁灭性的。我马上意识到必须保护孩子的隐私，不能让他们的自尊心受到伤害；但也得给他们提个醒，帮助他们把情感引至正轨。

"王婧，作为组长，你跟我到公共卫生区巡查一下，看看有没有人乱丢果皮纸屑。"

我们在花坛旁，面对面站着。

"王婧，你觉得我们班哪个男同学最优秀？有没有哪个男同学引起你的注意呀？"

听我这么一问，她低下了头。

"青春期的我们，因为生理上的变化，难免会对异性产生好奇，甚至会对比较优秀的异性产生欣赏乃至爱慕的心理，这都是正常的。我在你这么大的时候，还暗恋过班上的一个男生呢，哈哈……"

她已抬头望着我，瞪大了眼睛，好像在说："后来怎样呢？"

"如果我沉陷在这样的情绪中无法自拔，还有心思学习吗？如果我在本该刻苦学习的年纪，因为心有杂念，荒废了学业，还能成为一名教师吗？如果因为我的干扰，那位男同学的成绩一落千丈，没有考上理想的高中，你说——他会不会怨恨我呢？"

她怔住了。

我直视着她的眼睛，尽量让语气柔和一些，继续说道："虽然这样的情绪是正常的，但我们不能放任自流。可以减少跟异性的接触，甚至避免与异性发生交集。可以多参加一些活动，多阅读书籍，多做点习题，总而言之让自己忙碌起来，从而分散、转移注意力。时间是一味良药，慢慢地，你对某个异性异乎寻常的感觉会逐渐淡化、消失。"

……

第三节课下课，我又用同样的方式，在花坛边悄悄对话。

……

"陈豪，你要是考上理想的高中，就会结识来自全县的优秀学子。考上理想的大学，就会结识来自全国的优秀学子。那时候再回过头来看今天的人和事，你就会觉得实在是太平凡、太普通了。"

黑框眼镜下的那双眼睛，灼灼地注视着我，我依稀听到琴弦拨动的声音。

微风拂来，眼前的杜鹃花摇曳生姿，热烈得如同熊熊的火。

是啊，唯有只管绽放，方能不负花期。

第二天，在两个孩子的主动要求下，我给他们安排了新的座位和小组。

给爱做一次全方位透析

情感问题是教育的敏感话题，我们往往避之不谈，谈之色变。不谈，并不意味着不存在；色变，可见处理起来甚是棘手。

这次教育之所以成功，前提是教育者的换位思考。当你站在学生的角度，回忆自己青春期对异性的别样情愫，就会对学生的心理感同身受。他们那些看似不合乎行为规范的言行举止，其实是正常心理现象的外化表现。

再者是教育者体验式的教育方式。我抛出亲身经历，是为了卸下学生的防备心理，同时又激发了好奇心。通过对自身经历的假设预演，让学生体验到沉迷情感无法自拔的严重后果。通过对光明前景的假设预演，让学生体验到初中时期只是人生的一个阶段，拐过这个路口，未来还有无限可能。

对青春期的孩子而言，异性"像雾像雨又像风"，有未知的神秘，也有朦胧的美感，这种复杂、奇妙的感知诱使他们无心向学，渐行渐远。作为教育者要充分理解他们的感性认知，更要想方设法添加理性认知的砝码，制衡情感认知的天平，以此破解情感问题。

"智造"契机，助力成长

刘小勇

事情还得从一篇学生日记说起。

"这个学期的第一天，我们就被新来的语文老师镇住了。他抓住班上同学不交作业的'小辫子'，对我们进行了整整一节课的思想教育。但是，我知道，老师是故意的，目的是杀鸡儆猴。幸好，我早就看穿了老师的'伎俩'，老老实实地把作业做完了，否则，我也和那些'难兄难弟'一样了。嘿嘿……"

看着这段文字，我既觉好笑，又觉汗颜，还有一种被别人窥探内心的震惊。孩子的狡黠，在文字里显露无遗。看着那段幽默有趣又略显成熟的文字，我很想知道这是怎样的一个学生。我翻到封面一看：小 A——一个语文成绩优异，却不善表达的学生。课堂上，从来看不到他举手，也听不到他发言。这样一个成绩优异的学生为什么从来不发言呢？我苦苦地思索，决定要解决这个问题。

为此，我想先摸清情况，尝试着了解他。我先在班上做了调查。同学们对他的印象都很不错，有的说他成绩好，有的说他对同学很友好，有的说他很细心……可这些回答都无法解释他的行为。

我知道，是时候与他"短兵相接"了。我把他请到办公室。这是一个腼腆的男孩。他走进来，根本不敢抬起头来看我。我特地把他的日记拿出来，准备从"表扬"入手。

"小 A，你的日记写得不错嘛！特别是用词很精妙。"

听到我这样表扬他，他的脸上有了一抹羞涩的笑容，但仍然没有说话。

"你怎么知道老师在用'杀鸡儆猴'的法子呢？"

他的嘴角动了动，还是没有说出话来。我想，他的话匣子快要打开了。

于是，我接着说："你是不是认为，所有的老师都会这一招？"

"是的！"他居然开口了，我忍住了心中的欣喜，想听他继续说下去。只可惜，他在说了这两个字后，就不再说话了。但我知道，他的内心开始放松了。"从你的作业来看，你算是我们班上理解能力比较好的同学。可是，让老师不理解的是，在上课时，怎么看不到你举手发言呢？"

说到这个话题，他立即变成了原来的样子。见他这样，我只得慢慢地引导。我仿佛自言自语般地和他分析起了原因。从他的点头与摇头中，我知道他为什么不敢举手了——怕回答错了，被别人笑话！

原因找到了，这一次"短兵相接"就暂时告一段落。我为自己取得的一点点进展而感到高兴。

为了巩固这次"交手"的成果，我在以后的课堂中，对他倾注了更多的关注。我发现他比以前更认真了，课堂上有了频频点头，也有了没有听懂时的摇头。但还是不举手发言。我感觉到，他在一点一点地进步，只是还没有达到我想要的程度。于是我和他有了第二次"交锋"。

"通过这段时间课堂上的观察，我发现你比以前更认真了。"一开始，我就表扬了他。

"其实有许多题目，你都知道要怎么回答。"我继续我的推测，并一再鼓励他。

他抬起头来看看我，眼里有一丝兴奋。这是他在谈话中第一次抬起头来看我，明显地少了几分紧张，多了几分激动。

"但是，我纳闷的是，你为什么还是不回答老师提出的问题？"我把自己的疑问明明白白地告诉了他。

这一次，他没有再沉默，而是向我敞开了自己的心扉。"老师，其实我也想像其他同学那样举手的，但我怕我的回答不正确，被其他同学嘲笑。"

还是这个原因，我想是我没有开导好他。我告诉他："你的理解能力不弱，应该会回答很多题目。再说，答错了，也没有关系，同学们不会取笑你，只会羡慕你；老师更不会责怪你，只会更喜欢你。"我和他约定好，先从最简单的问题开始，以便于他找到自信。

第二天上课时，我故意提出了一些简单的问题，请那些平时基础较差的学生来回答。当他们答对时，我狠狠地表扬他们。当那些受到表扬的同学一个个神气活现时，我把目光投向他，他开始有点儿坐立不安了，一种想举手又怕答错的矛盾在他的脸上显露无遗。我又提出了一个简单的问题。那些已经尝到甜头的学生开始异常踊跃。但是，这次，我没有很快点名，目光扫视着全班同学。其实，我是在等他，等他举手。等待，有点儿漫长。终于，我看见他的手缓缓地举了起来。我带着激动的心情，点了他的名，请他来回答这个早就属于他的问题。答案肯定是正确的。我郑重地当着全班同学的面，大力表扬了这个从来都不举手回答问题的学生。他的小脸涨得通红，喜不自禁。我还发现，就在那堂课上，他听得比以前更认真了，还有好几次都和其他同学一样很自然地举手了。我看在眼里，喜在心里。

下课后，我又把他请进了我的办公室。这次的交谈要顺畅多了。我又一次表扬了他今天的表现，并让他说说自己的感受。他说，其实回答问题也不是很难。通过今天的表现，他还找到了一种说不清的愉快的感觉。我想，这就是所谓的成就感吧。

这之后，我的课堂上多了一双小手。我提的问题，只要他知道答案，哪怕只是知道其中的一部分，他也会勇敢地举手。我知道，他已经完全变了，变成了一个自信的学生。

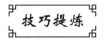

提几个简单的问题铺路

学生不爱回答问题，是许多老师都会碰到的情况。老师要善于"智造"契机，提几个简单的问题为学生的成长铺设一条健康成长的爱心路。

"知己知彼，百战不殆。"教师要沉下心来，摸清情况。开展班级调查、走访等都是不错的选择。

"亲其师，信其道。"教师要尽可能地走进孩子内心，尊重孩子，知道他们的真正所需，才能真正实现和孩子平等对话。俯下身子，谈心谈话，是一种好的方法。从最简单的问题开始交谈，往往是打开孩子心扉的"金钥匙"。

"智造"契机，连环攻破。孩子学习习惯的养成或是改变，是很难的。教师可以"智造"各种机会。课堂上，教师从简单问题入手，逐步激发孩子的表现欲望，一步一步转变孩子们的习惯。当习惯养成时，教师就可放手了。真正的教育就是引导孩子自我成长，自主成长。

教育路上，静待花开

蒋美光

当人们正陶醉在一支优美的乐曲中，忽然出现不和谐的音符时，心情往往会因之变差。

一天上午的第一节课，孩子们稚嫩甜美的歌声伴随着上课铃声响起。我像往常一样走进教室，开始了新课的教学：导入、读文、讨论、交流。一切都显得那么自然、流畅。孩子们喜欢在课堂上自由地表达，我也喜欢这样的课堂。一会儿，到了默读课文环节，我来回巡视，看着孩子们专注认真的样子，心里特别有成就感。忽然，一道刺耳的鼾声响起，我循声望去，原来是他——小杰，他正伏在课桌上打着鼾，脑袋前竖立着一本语文书。

说起这个小杰，还真是让人头疼。他家住农村，父母在外打工，爷爷在县城租房子陪着他，只能在生活上简单地照顾他，学习上根本辅导不了。小杰平时经常迟到，作业也敷衍了事。我每次找他谈话时他都表示要改正，可第二天还是老样子。跟他父母联系，家长都说在外地没办法管；找他爷爷沟通吧，老人表示根本管不了，到后来干脆连我的电话也不接了。

我快步走到他的课桌前，刚一碰到他的语文书，他条件反射式地站起来，惊恐地大声嘟囔着："干什么，干什么！"孩子们哄堂大笑，他这才发现我正站在他的跟前。那一刻，他呆呆地站在那儿，布满血丝的眼睛里满是慌乱。我伸出手放在他的额头上，说道："怎么了，身体不舒服？"他茫然地看着我，摇了摇头："老师，我——我就是想睡觉。"

"那，自己拍拍脸，醒醒瞌睡？"

他用力拍着脸，还狠狠地搓了几下，脸都发红了。我示意他坐下。教学，继续进行，那首被迫中断的乐曲又续上了节奏……

下课后，他忐忑不安地跟着我来到办公室。

"能不能告诉老师，今天为什么第一节课就打瞌睡了？"我放低声音。他像一只受惊的小鹿，几次张嘴，又什么都没说。最后，他深吸一口气，揉了揉眼睛，轻声说："老师，我昨天晚上写作业写得比较晚，早上就犯困了。"说完后他并不敢看着我的眼睛，只是耷拉着头，双手紧紧地抓着上衣角。

这模样，撒谎是十有八九了。

"是——吗——？"我故意拉长声音，"昨天的作业很多吗？都有哪些作业？你写到晚上几点钟？"

"昨天语文家庭作业是积累课文中的优美句子，数学作业是完成十个计算题，英语作业是把学过的单词默写下来。我写到了……"话没说完，他的脸就红了。

"小杰呀，一个人犯错不可怕，可怕的是用撒谎来掩盖自己犯下的错误，你是个聪明的孩子，老师相信你会做一个诚实的好孩子。"我语重心长地对他说。

"老师，我……我……"他欲言又止。

"没有关系的，老师最想听你的真心话。"我望着他。

"老师，对不起，我错了，我骗你了。"他看着我，躲闪的眼神渐渐变得坚定起来，"昨天我骗爷爷要用手机查个题目，就拿爷爷的手机玩游戏了。"说完他如释重负。

我一脸严肃："老师很高兴听到你的真心话，那你能说说自己错在哪了吗？"

"我……我不该撒谎骗爷爷骗老师。"

这一刻，我的心是欣喜的。他终于认识到了自己的错误，敢于面对自己的错误。

"那你想想，我们以后应该怎么做呀？"我鼓励他。

"我以后不撒谎了，更不能玩手机游戏了。"他的声音越来越响亮。

"你是一个男子汉啦，我们男子汉是说话算数的哦。"我摸了摸他的头，他看着我，笑了。

随后，我及时与小杰的父母联系，希望他们经常打电话回来，在情感上给予一定的关爱和鼓励。放学后，我又去家访，爷爷表示一定配合我，督促小杰每天按时完成家庭作业。

在以后的日子里，小杰只要有点滴进步我就在班上大加表扬，表扬过后我再提出更高的要求。有时他也会犯一些小错误，每次我都是微笑着和他沟通，用温柔的语气批评。表扬和批评就像两股温暖的风，指引着他不断前进。

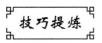

舍得微笑，舍得宽容

孩子们在成长中，偶尔跑偏了轨道，不时有些小插曲，这样的情况在所难免。这时，教师应坚守培养健康完善的人格的主线，做学生的坚强后盾和不弃不离的护航人。

课堂上，小杰"呼呼大睡"，便是和谐愉快的奏曲上一个刺耳的擦音；往日里，小杰"撒谎骗人"，加重了在老师心目中的不良印象。面对如此种种，我依旧送给他无数的微笑，有赞赏的微笑，有欣慰的微笑，有鼓励的微笑……在巧妙的引导下，在宽容的感化中，小杰慢慢认识到自己的错误，日益进步成长。

教育路上，教师要舍得微笑，舍得宽容。毕竟，那让人卸下厚厚的棉袄的，不是凛冽的寒风，而是煦暖的阳光。打开孩子们的心扉，激起孩子们学习的自信，指引孩子们成长的方向，教育的田园里，教师的微笑是和风细雨，教师的宽容是温软的畦床，呵护着幼苗勃发、生长。

拿什么来拯救你？

张安平

办公室里："老师，老师，您看看这道题目，我和小亮都说说自己的解题思路，你看看谁的思路正确，谁的方法更简便。"数学课下课后，阳阳缠着我给他和同桌小亮当"裁判"……

教室里："阳阳，快点！今天，张阿姨生日，我们要去张阿姨家吃饭，你能不能快点！"妈妈着急地催促着阳阳。放学后，同学们都陆陆续续地回家了，只有阳阳还在奋笔疾书，他想尽快完成课后作业，晚上回家好腾出时间来读那本借来的《钢铁是怎样炼成的》……

走廊里："你怎么能把手机带学校来呢？玩游戏，会上瘾的。"阳阳像个小大人一样，苦口婆心地教导着同学……

阳阳真的变了，两个月前那个特别让人揪心的孩子，现在又回到了飞速超车的学习轨道，成了老师的得力小帮手。看着阳阳现在勤奋、好学的模样，我欣慰地笑了。过去的一幕幕浮现在我眼前……

那天深夜，刚下班回到家，疲惫不堪的我正打算洗漱，好早一点休息，却接到了学校宿管员陈老师的电话："张老师，你们班的阳阳同学怎么不在寝室？是不是请假了？"

"没有啊，今天班上没有人请假。我查寝的时候还见到他了！"明天就期中考试了，这会儿阳阳会去哪儿呢？他可是我们班排名前十的男生。再说，学校里面黑灯瞎火的，万一出什么事怎么办？不行，我一定要找到他。

当我驱车来到学校，找遍了学校的每一个角落，都不见人影。

难道他偷偷溜出学校回家了？我狐疑地拨通了阳阳妈的电话，向她求证，结果却是：没有回家。

已是晚上十点多钟，同学们已经熄灯睡觉了。我心急如焚，担心阳阳的安危。我焦急地在大街上穿行，猜想着他可能去的地方。

街上已灯火阑珊，一路上只有网吧的灯像荧荧鬼火一样，在幽僻的角落里闪着。突然，一个念头在我脑海里闪过：阳阳是不是上网去了？

我忽然想起几天前班上一个学生反映，他曾亲眼看到阳阳同学在厕所里面玩手机。因为当时忙于其他事情，想着改天要找阳阳谈一谈的，这下坏了，还没有谈，人却弄丢了。

确定去向，我开始一家一家找。终于，在一条非常隐蔽的小巷子的一家网吧里，找到了阳阳。他半蜷伏着身子坐在电脑桌前，双手兴奋地敲击着键盘，屏幕上几个花花绿绿的动漫人物正厮杀得厉害。我先是松了一口气，然后轻轻地叫了一声"阳阳——"。他立即警觉地朝门口这边看过来，发现是我，便不好意思地低下了头。

通过进一步了解，阳阳妈终于说出了实情。原来阳阳沉迷于网络游戏已近半年，每次回到家，他连晚饭都顾不上吃，就扔下书包捧着妈妈的手机，在网络世界里叱咤风云。一开始说只玩一个小时，后来是两个小时，再后来手机一到阳阳手里就拿不回来了。

发展到后面，阳阳甚至把妈妈给的培训费挥霍一空——培训费没有交，全送网吧里去了。所谓的培训时间也都耗在网吧里。妈妈急得只是哭，爸爸气得想要狠狠地揍他一顿，可是又有什么办法呢？他依然是我行我素。

听着阳阳妈妈痛心又无奈地讲述着阳阳一步步沉迷网络的经历，我有些气恼，又有些自责。我气恼他们为什么不早一点跟老师沟通，自责怎么就没有注意到阳阳的变化。

阳阳是个很聪慧的孩子，自觉、上进，成绩一直在班级前十，怎么会染上网瘾呢？难道是受不良同伴的影响？回想起曾经挽救过的沉迷网络的学生，跟孩子父母联手，杜绝接触不良朋友肯定是第一要务，跟孩子多谈心是突破孩子思想壁垒、打开他心门的必要手段。但是，对于恶习成瘾的孩子，做到这些还远远不够，因为有些东西，有了瘾，就可能反复，会重蹈覆辙。戒瘾，是一场"持久战"。

我开始思考，在这场"持久战"中，在学校里是谁陪伴他时间更多？

哦，是他的同学！我恍然大悟。

小亮不是阳阳最仰慕的同学吗？小亮虽然家庭条件差，但他踏实、勤奋，并且乐于助人，成绩从来没有掉出过班级前三。阳阳常常夸小亮是"神人"，无论题目难易，总能"稳坐钓鱼台"。

我何不借助同学的力量呢？我借排座位的机会，安排了小亮和他同桌，并面向全班定下期末冲刺目标：同桌结对，组成学习共同体，期末考核，不跟别人比，跟自己比，以哪一组的进步最大来评定等级，给予奖励。同时我也会针对个别组给予指导和鼓励。

"小亮、阳阳，你们俩，可是最强组合！阳阳，以前你可是班级前十，你和小亮强强联手，最大进步奖非你们组莫属！老师拭目以待哦！"我信心满满地看着他俩。

"老师，你放心！我们一起努力！你等着瞧吧！"小亮一边笑着看向阳阳，一边自信地说。阳阳没有说话，只是笑着认同地点了点头。

从那一天起，班级的学习氛围越来越浓郁。互相抽背英语单词，共同钻研数学难题，默写单元生字词……其中，就有阳阳的身影！

"老师，老师，你等等！这道题我们俩讨论了很久，还是没想出解题方法，您帮我们看看。"下课了，刚想去办公室坐一下，阳阳和小亮又来了……

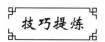

组建学习共同体

俗话说：好风凭借力，送你上青云。面对恶习成瘾的学生，有时候借助他们身边同学的力量，组建学习共同体，会取得事半功倍的效果。

案例中的阳阳已经染上严重的网瘾，父母苦口婆心的劝说，教师焦急深情的关注，都犹如投入深潭的小石子，激不起一丝的涟漪。此时，如果老师强硬地干预或直接说教，又可能会使学生产生戒备、反感、抵触甚至是对立的心理。所以，帮助学生摆脱成瘾的恶习，养成良好健康的习性，注定是一场"持久战"。然而家长不可能寸步不离地守候，教师也不能天天耳提面命，那就只有借助身边同学的力量，组建学习共同体。

相近的年龄，朝夕相处的时光，彼此进步的吸引，都是帮助他摆脱网瘾得天独厚的条件。有了老师的方法指点、小亮的榜样示范，他自然而然就会树立正确的学习目标，养成良好的学习习惯。

"他山之石，可以攻玉"，当常规的教育方法无济于事时，何不巧借身边同学的力量，组建学习共同体？

心灵的重塑，从重置精神密码开始

齐艳春

　　已是惊蛰，春寒却更为料峭。翻开大自然这一部浩渺的"辞源"，一切的色彩和生机都躲藏在湿漉漉的雨幕里，天地间，只剩下一个大写的"雨"字在肆意提按腾挪，点点滴滴，淅淅沥沥，把人的心也淋得湿透。

　　"凄凄切切完全是黑白片的味道……"不由得想起余光中在冷雨中写下的诗句。这样的春夜，迷蒙，清冷，雨片刻不停，一直都凄凄切切下着，不就是一张黑白片子吗？

　　而她，那个睁着一双迷蒙大眼睛的忧郁女孩，在这样的昏暗雨夜，在这部黑白影片里，被她的父亲，领到了我的班级来。如一只不知前路、不知归宿的小鹿，那样的茫然无措，她蓦然出现在我的面前，从此上演了一场跌宕起伏的故事。

　　和其他忧郁地紧闭心扉的人不同的是，这个十七八岁的少女一点也不胆怯，确切地说是个话痨，刚来班上一两天，就混了个自来熟，在我面前很容易地就打开了话匣子：

　　"老师，班上的同学都好努力……"

　　"那你也一起好好努力，做更努力的人吧。"

　　"我觉得我不行，做不到他们这样努力……"

　　"老师，我的同桌英语词汇真是太丰富了，每天坚持背好多单词，难怪英语成绩那么好！"

　　"是的，每天把学习小目标落到实处，日积月累，就能有质的飞跃，你能发现她学习的秘诀，付诸行动，你会做得更好的！"

　　"老师，我恐怕不能……"

在她的话里，一个苦闷女孩的心路历程缓缓展开。三月，于春景而言是正当芳华，对于所有备战的高考生而言，三月却已是"震响骇八荒，奋威曜四戎"的枕戈待旦的光景了。毕业班的教室里，有踌躇满志的脸，有畅想未来的脸，有沉思焦虑的脸。在这百味交织的画面里，所有人无一例外地都已经在备战的路上跋涉了很久，准备迎接征途中最后一公里的挑战。唯独她，内心伤悲，行迈迟迟，是一个高考路上并未迈出第一步的人。

严格地说，她也是一个跋涉了很久的征人，只是她的经历很奇特，一直徘徊在何去何从的选择里。当高考失利后，父亲带着她避开所有关注的人，去了一个陌生的省份里一个陌生的学校补习。这样的离开无异于一场悲壮的出逃，逃离所有人的询问，逃离所有人的叹息和同情，逃离高考后不能承受的落榜，以及落榜后接踵而至的对生命和生活的拷问。然而，不是所有的逃离都可以放下伤痛，有的时候，人离开了，心还不肯离开，彳亍在原地呻吟。真正的勇士是那些不逃离的人，直面而不怯弱，奋起而又坚韧。尽管有父亲陪在身边，她还是生病了，辗转奔徙于心理医生的诊治间，日子悄然而过。

从酷夏到严秋，树叶绿了又黄，父亲把她带回到本省的一个城市，找了一所够得着她的理想的名校补习班安顿了下来。可是，她的心依然在漂泊。同学和室友的各种表现在她看来都是那样格格不入，正如一个高速逆行的人，看到正常轨道上奔驰的人们，总要不由得叹息："啊，一群逆行的人啊！"

再一次逃离，已是杨柳依依的时节。父亲带着她兜兜转转回到了故乡，来到了我面前。此时，距离高考不到九十天了。

一个在优秀的班级里浸染出来的学生，固然高考失利，但有关勤奋和励志的鸡汤一定喝过不少，要想激发她能量的小宇宙，还需另寻良方。这个让家长愁眉不展、无计可施的女孩，这个抑郁到求助心理医生的女孩，一下课，就会来到办公室，和我说起一些她的发现。我蓦然发现，每当说起一些新的愿景，她的眼里满是期待。然而说起自己时，这个女孩更多地在使用否定句。现实生活中，一个习惯叩问内心的敏感自省的人，说话时常常会使用诸如"我感觉……""我觉得……"的句式。这样的人敏锐地感知外界给予的纷繁复杂的讯息，当各种讯息在内心激烈冲撞而找不到排解的出路，势必会灼伤自己。而一个弱者沦陷的过程，不仅仅有外力的逼催和倾轧，更多的是内心世界的屈从和倾斜，甚至崩塌。她不停地否定自己，每一次否定都是在撼动摇摇欲坠的心墙。从否定自己到肯定自己，看似一字之差，却有千山万水的阻隔，是冰火两重天的抉择。

"小菲，从现在开始，我们不说'不能、不行'这一类词了，好吗？"我笑着看向她，"当我们去掉这一类否定词，意思就完全不一样了。每天说的话，更多的是说给我们自己听，我们要学着换一套语言体系。"

"我可能不……"她急急地又要冲口而出，看着我坚定的眼神，不由得咽下了后面的话语，点了点头。

纠正一个人的内心世界，从纠正一句话开始。

不再说否定句，这成了我和她之间的约定。每当她要冒出那些否定自己的词语，我都及时提醒，坚持要她纠正。不再说否定自我的话语，本质上是不再从内心里否定自己，进而接纳自己，爱自己。如果说人生注定是一场孤旅，那么教育的工作，让我们必须去面对这些成长路上迷茫而孤独的心灵。我们的每一句话，都是心灵的晴雨表，都会影响着他们是否愿意去接受那个陌生的或者曾经不愿意面对的自己。

重塑一个人的内心世界，从重置一套全新的精神密码开始。

"什么是你的秘密？"微风问道。莲花说："秘密就是我自己，如果你将它偷去，我也会由此消失！"在泰戈尔的诗句里，我们看到了开启心门的钥匙就藏在心门的一个角落。"在山中，寂静涌起，以探测山岳自己的高度；在湖里，运动静止，以静观湖水自己的深度。"是啊，当终于不再激烈地否定自己，当内心终于平静，可以从容地面对不完美的自己，可以和过往温柔地和解，小菲放下了患得患失的恐慌和焦虑，享受着每天多做对一道题的快乐。

"老师，我要在学校住宿，家里的床睡得太舒服了，睡觉的时间就多了，我还要加夜班的，好多复习一些功课……"

"老师，我现在专攻数学的错题，把试卷上的错题都反复做对，这正是特别有成就感的事情……"

临近高考，小菲踏出的每一步日益稳健而从容，我们之间的谈话，每一句都坚定有力，每一句都信心满满，不允许任何一个否定词来篡改那来自灵魂深处的强大精神密码。

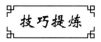

不说否定句

语言是思维的载体，亦是心灵的外显。自卑者，面对世间万物，都有一种畏惧与胆怯。小菲，并不是十分糟糕的孩子，她有基础，有本事，有向上的品质，但经受了一些失败，她怕了，渐渐地尘封了自己的勇敢。作为教育工作者，要会察言观色，从细微处入手寻找改变的途径。"不说否定句"成了师生之间的约定，自信与勇敢，在无形中培养起来，她慢慢地改变了自己。用言语去改变心灵，就是要重视学生的言行，改变言语，也是在改变教育。

请为我保守一个秘密，好吗？

欧阳春玲

　　那是一个冬日的傍晚，我正准备吃晚餐，突然接到一个陌生的电话。对方语气严厉，自称是某超市安保处，说我班小磊同学在超市偷窃被抓，让我马上过去一趟。随后我听到了小磊带着哭腔的颤音："欧阳老师，我……我……你能过来帮帮我吗？……"断断续续的抽泣，语无伦次的叙述，传达出了男孩此刻的焦急与恐惧。我连忙出声安慰："别急，我马上过去！"

　　挂了电话，我骑上小电驴就冲进了寒风中。一路上我都想不明白他为什么会与"偷窃"扯上关系。在大家眼中小磊一直是一个比较优秀的男孩。16岁的他性格大大咧咧，阳光开朗，待人有礼，与老师和同学们相处得十分融洽。再加上他酷爱体育运动，很有责任心和执行力，我特意让他担任了体育委员。进入高中以来，他一直是我的得力助手。他的家境并不差，父母虽说常年在外，但在经济上从来没有亏待他，这点从他的日常吃穿可以看出。那他为什么会去超市偷窃？

　　十分钟后，我到了超市二楼的安保处。办公室很安静，只见一位身着制服的保安坐在办公桌前百无聊赖地把玩着一张校牌。靠门的角落里，小磊低着头，面朝墙壁，双手反复地抠着运动夹克的拉链下端。大概是听到敲门声，他飞快地抬头望过来，随后又迅速将头埋进衣襟，脸涨得通红，似有泪痕。

　　"你……就是他的班主任？"保安站了起来，手握校牌，指了指小磊。

　　我应了声"是"。

　　"啧啧，真没想到你们那样的好学校也有小偷！不学好啊！"保安长叹一声，语带嘲讽，把校牌随手扔在桌上。

我看见小磊的脸更红，头更低了。

"今天下午五点左右，他把超市的一副价值 68 块的红双喜乒乓球拍藏在运动夹克里，企图混出超市，被我们发现了。一开始我们还以为是社会青年，直到在他身上找到这张校牌，真没想到……"他顿了顿，加重了语气继续说道，"没有想到竟然是高一学生，小小年纪不学好……按照我们超市规定，要把他父母找来，并处以三倍金额的罚款。否则我们就把这件事通报到学校，让大家来看看这个小偷……"

"叔叔，我会赔的，求你们不要通报！"小磊猛地抬起头，红着眼睛乞求着。

"他说他爸妈不在家，希望由你来协商解决。你看怎么办吧！"说完，保安端着茶杯走了出去。

我知道，这件事对小磊而言，绝非小事。也许走错一步，他的人生就会改写。正如柳青在《创业史》中所说："人生的道路虽然漫长，但要紧处常常只有几步，特别是当人年轻的时候。"

于是，我走到小磊的面前，轻拍着他的肩膀说："小磊，怎么回事，能跟老师说说吗？"

"老师……"小磊缓缓地抬起头，话没说完，眼泪就又流了出来，"老师，对不起，我错了……我没想过偷这球拍的，虽然我很喜欢它。但是后来我发现我带的钱不够，一时糊涂就……就……老师，我知道错了，对不起，我以后绝对不会这样了，你能不能帮我把钱垫上？我会还你的……"

"小磊，钱，我可以帮你垫，但这件事不仅仅是钱的问题，你知道吗？从进门到现在，你一直低着头，一直说对不起，你为什么低着头？为什么说对不起？我想你一定清楚。"

"老师，我错了，我不该偷球拍。我对不起你们平时的教导，我给我们学校丢脸了。"

"小磊，'君子爱财，取之有道'，对于自己喜欢的东西也是如此。如果用不正当的手段去获得，只会令人不齿。刚才保安叔叔说你，你觉得自责，感到羞耻，我相信你确实意识到了自己的错误。但你知道吗，人生中有很多错误，往往就在一念之间。有的错误可以挽回，有些错误却永远无法挽回。

所以，做事之前一定要三思而后行。今天这种局面，就是你一时贪心、冲动的后果，希望你以后吸取教训。不过，既然现在错误已经铸成，我们能做的就是尽力去弥补。那么此时此刻，你觉得你最应该做的是什么？"

"老师，我待会儿就向超市道歉，赔偿损失……我还可以写检讨的，保证不会再这样了，你帮我求求他们不要让学校通报……"小磊抬起头，恳切地注视着我，满是愧疚。

我摸了摸他的头，答应了他的请求。我陪他找到安保主管，郑重地表达歉意。保安主管见他态度诚恳，又有老师担保，就又教育了几句，没有再为难他。

走出超市大门，天已大黑，我带他去吃了晚餐，并将他送到校门口。一路上他非常沉默，仍旧心有余悸，尤其是靠近学校时，他更是心事重重，脚步沉重。我挥手让他进去，他却站在寒风凛冽的校门口踟蹰不前，欲言又止。

"老师，你能为我保守这个秘密吗？我真的怕同学们知道这件事情……我不愿意做小偷，如果同学们知道这件事，我该怎么办？"最终，他鼓起勇气说道。

我走上前，微笑着拍拍他的肩："我们不是圣人，每个人都有可能犯错。知错能改，是好事。今天你已经为自己的错误买了单，所以，这件事情就算过去了。你放心，以后我们谁都不提它。但是你要记住，所有的尊重都是自己给的。"

他迟疑地抬头看着我："老师，我记住了，我今后一定堂堂正正做人。那您真的能替我保守秘密吗？"

我故作轻松开玩笑似的扫了一下他的平头："不信我，那我们拉钩啊！互相保证！"

我伸出手，他露出了今天见面以来的第一个微笑。

后来，我们谁都没有再提这件事。起初几天，小磊似乎还有些忐忑，但最终他恢复了以往的开朗。本来我还打算先观察几天，再与他的家长沟通一下的，没想到半个月后我接到了他父亲的电话，话语里全是诚挚的谢意，原来小磊已经主动向父母承认了错误……

如今小磊已经大学毕业，且有了成功的事业，美满的家庭。每年春节，我都会收到他诚挚的问候。谁能想到，在那个寒冷的冬天，我们共同埋葬一个秘密，换来的是我们往后余生每一个春天的温暖。

技巧提炼

为学生保守一个秘密又何妨？

"人非圣贤，孰能无过？"在教育当中，我们都会碰到犯错误的学生，为学生保守一个秘密，就是给学生一个改过自新的机会。为学生保守一个秘密，就是一种等待，等待成长，等待花开。

学生在超市偷窃被抓，我到达现场后，保安的冷嘲热讽让我了解了事件的原委，但并不能混淆我的视听。学生的陈述让我看见了他的后悔自责，学生的请求"能为我保守这个秘密吗"，让我看见了他的自尊和迫切改过的愿望。我答应了他的请求，"签订"了君子协定。作为一名教育工作者，首先要捍卫的就是学生的人格尊严，尊严是一个人活着的动力和意义。我与小磊的君子协定，不仅仅是守住了一个秘密，更是守住了他在老师和同学面前的尊严。

面对犯错的学生，为学生保守一个秘密，给予机会，引导其认识错误，鼓励其改正错误，使其成为"新人"，这也是教育的意义所在。

寻找夜空中隐藏的星辰

王文丽

　　闷热的教室里，吊扇呼呼地吹着，其他人都走了，小颜还趴在桌子上不紧不慢地写着课堂作业，一个很简单的字被她写得支离破碎，一旁的奶奶看得急了，神情焦虑地对我说："老师，她小时候身体不好，打多了针，她是不是智力有问题呀？怎么总是教了就忘啊？"

　　听了她奶奶的这句话，我回想起她这半个学期的表现。

　　我想起开学之初班主任曾用一种近乎惊讶的口吻告诉我："王老师，你知道吗，我们班竟然有个孩子连自己的名字都不会写，教了好多遍还没教会。"

　　还想起每次收作业时，组长总是气呼呼地跑过来告状："老师，小颜又没交作业。她还跑出去玩了，叫都叫不回。"

　　还有语文课上，她常常指东读西，恍恍惚惚，抽她回答问题，她也总是说："老师，我不知道。"

　　……

　　当奶奶当着小颜的面向我说出这句话时，我心头一怔，尽管我很能理解老人家"望孙成凤"的心情，但在内心依然升腾起一丝担忧的情绪。

　　我望向旁边的小颜，当她听到奶奶的这句话后，那颗小小的脑袋埋得更低了，好似做错了什么事情一样，但她的小手仍旧颤颤巍巍地写着字，如同冻僵了一般。

　　小颜现在面临的是入学的失败，她表现出了诸多的不适应。如果我这时候默认她奶奶说的话，无疑会让她深信自己智力不行，从而对以后的学习丧失信心。可小颜只是一个孩子，一个刚满六岁的孩子，人生才刚刚开始，求学之路还很长很长，怎能如此武断一个孩子的未来呢？

望着埋着头沉默的小颜，我知道，此刻我不能再沉默。

于是我定了定神，对奶奶说："我觉得她是一个智力正常的孩子，甚至是一个非常聪明的孩子，她下课跟我交流的时候，逻辑流畅，说话很有条理，这是很多同龄孩子不具备的能力。她只是基础比较薄弱，在学习上还没有找到适合她的方法，所以成绩暂时不理想。"听我这么一说，奶奶舒了一口气，然后笑着说："老师你说得对，我也看她平时说话挺好的，她妈妈以前读大学还拿过奖学金呢！她的智力应该没有问题。"可是后来她又长叹了一口气，自言自语道："可是成绩这么差，可怎么得了哦！"

望着小颜和奶奶离去的背影，我陷入了沉思，小颜的智力肯定是没有问题，那又是什么原因导致了小颜学习自觉性的丧失呢？我又如何帮助她摆脱困境呢？

夜里，奶奶的话一直在我的耳畔响起，我思索良久，辗转反侧。

也许在家里这句话是奶奶的口头禅，也许在学习上小颜比同龄人要慢一点，也许奶奶因为担心小颜的学习，质疑和否定常常挂在嘴上，所以小颜写作业越来越漫不经心，学习的专注力越来越差……

"何人可渡我？唯有自救而已。"所有问题的指向越来越明晰，我觉得，我至少应该去试试！

一次，班上一个孩子的妈妈给大家送来了爱心苹果，同学们捧着又大又红的苹果可开心了，一个个脸上笑开了花，都迫不及待地将苹果塞进嘴巴。这个时候小颜捧着苹果怯生生地走了过来，小声说："老师，我可以把这个苹果带回家跟奶奶一起分享吗？"

懂得分享是一个多么优秀的品质呀！我当即表扬了她，同学们也纷纷投来了赞许的目光。得到老师和同学们的认可后，她开心地回到了座位。

还有一次，我分析全班的试卷，在看到小颜的试卷时，我发现了一个特别让我欣慰的现象：只要她做了的题，正确率都非常高。回到教室，我回避了她未及格的分数，表扬她超乎寻常的正确率。

"老师，你的意思是让我们向小颜学习，会做的题慢慢做，不出错，养成好习惯吗？"一个男同学迫不及待地替我做出了总结。

同学们的眼神纷纷聚焦在小颜身上，赞叹不已。从同学们的表现中，我看到了大家心底里对小颜的认可。

我趁机大声地说道："是的，我希望全班同学都能向她学习，自己会做的题，一定认真做，不出错，养成好习惯。"

我边说边看向坐在讲台下的小颜，她羞涩地笑着，平日里暗淡的大眼睛里有了光泽，腰杆挺得直直的，似乎也认同了优秀的自己。

……

慢慢地，以前经常缺交作业的小颜，拖欠作业的次数越来越少，课堂笔记也记得越来越认真，字也写得越来越工整。有一次，小颜的爸爸主动私聊告诉我，家人不用每天催着小颜学习了，每天放学回家，小颜会主动问爸爸作业情况，还会跟奶奶约定每天玩手机和看电视的时间……她的这些变化让我欣喜。

期末考试那天天气特别好，阳光暖暖的。早读时我走过小颜的身边，她抬头望向我，欲言又止。我微笑着俯下身子对她说："小颜，加油！"她目光坚定，严肃而认真地对我说："老师，我周末的时候把课文都读了一遍，还把后面的生字都看了一遍。"周末我没有布置作业，她却给自己安排了复习内容，这是多么大的进步呀！

她的改变让我动容。考完后我迫不及待地去寻找她的试卷，一张张字迹熟悉的试卷闪过，我没有做任何的停留，直到看到那张字迹有点僵硬的试卷，我才停下来，72 分——及格了！欣喜在我心底蔓延。这个成绩虽然跟其他同学比起来还不够理想，但于她而言却是莫大的进步，这是对她半年努力的肯定，也是对那一夜我的思虑的印证……

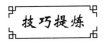

让学生看到星辰

心理学家阿尔弗雷德·阿德勒说过这样一句话："只有儿童对未来充满希望，充满勇气，教育才可能获得成功。"当学困生被失落、沮丧、怀疑裹挟着找不到出路的时候，帮助他们拨开迷雾，点燃希望之光，奋振勇气之翅，方能破茧成蝶。

在教学过程中，我们常常碰到像小颜一样懵懵懂懂的学生，他们品性纯良，但对学习，却没有很强的自主性，常常需要老师像推磨盘一样推着走。奶奶来接小颜时，因焦虑而当面说出的"是不是智力有问题"，让我窥见了问题的症结。基础的薄弱、学习方法的欠缺固然是小颜学习困难的原因，但追根溯源，在于家人像念紧箍咒一样不断地暗示和否定。不良的暗示和否定就像一阵风，吹灭了小颜本就不够明亮的信心。对于像小颜一样的学困生，更需要来自家人、老师、同学们的肯定和鼓励。发现优点，诚恳表扬，让小颜看到自己的闪光点，点燃她对生活的希冀，那些萦绕在她心头的雾霾才会慢慢散去。只有当一个人对自我充满肯定，对生活充满希望，对生命充满热爱时，才会有足够的勇气迎接生活的风浪。

因此，帮助学困生走出"学困"的泥淖，当务之急是帮助他们发现优点，让他们在茫茫黑夜中看见希望的星辰。

一场温暖的修行

李艳芳

　　讲台上的手机第二次在震动了，可这节课还没结束。

　　余光扫过，我看到了同一个号码。

　　直觉告诉我，肯定又是家长有急事，征得学生们的同意，我走出教室按了接听键。

　　果然，是小磊同学的妈妈。

　　她简单问候后就拜托我让小磊同学接电话，听得出来，她比较急，我便叫出小磊，并安排其他同学先自习。

　　可无论如何，小磊都不愿意接电话，最后在我的劝说下，他不情愿地"喂"了一声，就把电话挂了。

　　下课后，我打了一个电话给小磊的姑姑了解情况，因为之前一直是孩子的姑姑跟我联络。

　　原来，小磊的爸爸妈妈离婚了，离婚后他跟爸爸一起生活，但他爸爸常年在外打工，难得回家一次，妈妈更是两三年没来看他了。孩子心里怨恨妈妈，以为妈妈不要他、抛弃了他，所以不接她的电话，谁劝也不接。原本性格内向的他现在变得更加沉默寡言。

　　我利用午休时间，让小磊跟我来到操场。扶着栏杆，我温和地看着他，说道："今天上午，你跟你妈妈说话的语气很不好，你们之间是不是有些误会？"他低下头，不说话。

　　我继续说："我已经知道了你父母分开的事情。我想自从你知道这件事，心里肯定很痛苦、很害怕。害怕爸爸、妈妈都不要你了，再也不爱你了，是吗？"他猛地抬起头看我，红红的眼里全是惊讶，但他还是倔强地不说话。

我走近他，用手拍了拍他的肩膀，说："大人们选择分开生活是他们自己的事情，与你无关。每个人都有权利选择自己过什么样的生活，你以后长大了也一样。也许是他们性格不合适，或者是其他一些我们不知道的原因导致他们不想继续生活在一起了，但你永远是他们的孩子，不管在哪里，他们都会关心你、爱你！他们没有抛弃你、没有不要你，他们只是分开了，不在一起生活而已，他们永远是你的父母，永远都会爱你。"他转过头看着我，眼泪在眼眶里涌动。

　　我伸手抱了抱他，继续说："你这么可爱又懂事，老师很喜欢你，何况是你的爸爸妈妈呢，他们肯定比我更爱你，只是没对你说而已。""是吗？"他看向我的眼里，还有几分不确定。

　　我看着他，肯定地说："是的，以后妈妈给你打电话，你一定要接，知道吗？这也是妈妈爱你的一种方式，她在很远的地方打工，不能回来，想你了，只能通过电话来表达她对你的爱。她想你，想听听你的声音，想知道你过得好不好……这都是她在无声地对你说爱你。"他看着我，脸上的神情变得柔和。

　　我低声问道："妈妈的这份爱，你接收到了吗？答应老师，以后一定要接妈妈的电话，好吗？"他用力点了点头。

　　后来的日子，我跟他的交流逐渐变多，每一次课余时间，我都会假装无意走过他的身边，关切地询问他是否听懂了，作业做得怎么样，借对学习情况的关切，从他的回答和神色中窥看他心绪的变化，并及时给予肯定和鼓励，让他知道，老师的心是跟他"在一起"的。

　　有时候，学生的作业堆叠在讲台上，我让他辅助课代表，帮老师把作业送到办公室里。穿过长长的走廊，我看见了他灿烂的笑靥。"老师，以后我就是你的小跟班，粗活重活让我来。"在他热烈的话语里，我听见了他卸下情感重负后的清亮的声音。

　　他脸上的笑容一天比一天灿烂。只要不是周末，他每天都会在我去教室的必经之路等我，笑着给我提手里的小袋子或者帮我捧作业本。我每次都跟他说不需要帮我提，我自己提。他不说话，只是笑，过后还是依旧等我。

　　我知道，这是他对我没有说出口的感激和爱。

批改周记的时候，我看到小磊写他不再因为父母的分开而焦虑、害怕、难过，因为他知道父母不管在哪，都是爱他的。看着他的转变，我由衷地开心。

更让我安心的是，有一天他姑姑打电话给我，欣喜地对我说："李老师，我家小磊现在肯接他妈妈的电话了，有时还跟他妈妈聊几句。有一次还喊我主动给他妈妈打电话，偶尔还会喊'妈妈'，这是以前从没有过的事，太感谢你对他的教导了，谢谢您！"听了这话，电话这头的我舒心地笑了……

丽江玉龙雪山终年云雾缭绕，雪山一侧终年不见阳光，只有每年秋分时节会有一米长的阳光照下来，据说被这一米阳光照到的人就能拥有幸福和快乐。教育是场温暖的修行，修行的是老师自己，温暖的却是师生彼此。我愿意通过自己不断地修行，做平凡世界里给予孩子光明和期望、给孩子带来幸福的那一米阳光……

技巧提炼

与他"在一起"

"一滴水只有汇入大海才会永不干涸"，一个人遭遇生活的困顿时，只有与温暖的人倚靠在一起，才能更轻松地走出来。尤其是处于成长期的孩子，当他们面对不期而至的生活变故时，老师做到与他"在一起"，才是正确的处理方式。

母亲关切的电话问候，却遭到孩子冷漠的回应，这让我看到了一个支离破碎的家庭给孩子带来的深重的心灵伤害。如何才能让他理解并坦然接受父母离异的现实？如何才能化解他与父母的嫌隙？怎样才能把伤害降低？我选择了与他"在一起"的处理方式，在操场上我细细地道来：父母婚姻的变故，并不会改变对孩子的爱。我伸手揽过他，告诉他，如此可爱懂事的孩子，又有谁不爱呢？我选择了与他"在一起"，在每一个课余时间，陪他走过人生的晦暗，见证他慢慢抚平生活的褶皱。

与他"在一起"，给予孩子一个舒适的心灵的港湾，孩子累了、倦了、困惑了、难过了，可以放下桅杆，安心入港。

只想成为你的骄傲

伍丽琼

进入高中，刚刚结束新学期军训，孩子们闪亮的眼眸中还有一丝不易察觉的对未来的谨慎和试探，他们将在这里为自己的梦想而启航。这时，急需多一些紧张的学习任务和丰富多彩的活动，让孩子们快速熟络，迅速融入班级大家庭。

"亲子活动即将举行，报名的同学和家长有多少了？学校规定明天上午课间操前必须上报名单，要不然举办方没有时间准备。"我温和地提醒。

"目前有八位同学及家长报名，这是几位家长的联系方式和我们交流的主要内容。其中有一位叫小粤（男）的同学，他爸爸特意从广东请假回来参加亲子活动，我觉得他好幸福，他们父子的关系肯定特别好，真是让人羡慕嫉妒不恨。"代理班长小欣回答。

我接过名单仔细看了看，发现她并没有参加，这倒是出乎我的意料。她这个毛遂自荐的代理班长，在开学初就表现得积极热情大胆干练，办事细致周到快速有效：宣读校纪校规，初拟班规，严明纪律；执行奖惩措施，营造良好氛围；开展班会活动，倾听大家的建议；参加学校活动，丰富课余生活。更难得的是，每次活动前后，她会主动与我沟通，听取我的建议。

我抬头看看她，她试图用勉强挤出的笑容来掩饰心中的无措。发现了她的尴尬，我不想继续窥探，便以一种轻松的口吻说道："听说有节目欣赏，有游戏环节，还有神秘大礼包，我都准备带我儿子一起参加，要不你也去试试？"她不敢看我，往日的自信在这瞬间荡然无存，她用极其低弱的声音回答："我妈的心里从来就没有我，她忙得很，根本就没有时间参加我们学校组织的活动。当然，她参加我妹妹学校的活动还是有时间的。"我的心一紧，一时语塞，不知道怎么去安慰，就让时间凝固了几秒钟。她倒是看出来我的尴尬，趁机打破这僵局："老师，我已经习惯了，呵呵，没有什么事情的话，我先回教室了，问问还有没有同学报名。"她苦涩一笑，闪电般溜出我的视线。这么开朗活泼能干的小姑娘选择用逃跑来躲避这种难堪，我只好就此打住。

晚自习结束，紧张而有序的常规工作接近尾声，白日里小欣脸上苦涩的微笑拨动我的心弦，我试着电话联系她妈妈，简单的寒暄之后，我告诉小欣妈妈，学校近期会举行一场以感恩为主题的"心连心大型亲子活动"，孩子本人很想参加，希望家长能抽时间陪陪孩子。同时告诉她，孩子在校学习状态较好，很有领袖气质，相信通过三年的努力可以创造辉煌。她的母亲有点不可置信，说道："我们当时还担心她连高中都考不上呢，她有这种进步我们也是喜出望外。"

电话那头，她沉思了片刻，问道："老师，那个活动我报名，辛苦老师告诉下小欣，活动当天我一定参加的。"小欣妈妈告诉我，孩子10岁那年，家中有了二胎妹妹，小欣就开始故意和妈妈唱反调：妈妈叮嘱要谦让，她倚仗自己年长经常训斥妹妹，不准妹妹随意动自己的东西；妈妈给妹妹买了东西，她非得缠着家长买更贵的礼物。有两次，妈妈因为照顾妹妹，错过了小欣的家长会，进一步激发了亲子矛盾。而在父母看来，年长6岁的姐姐理所应当要谦让家中年幼的妹妹。遇到姐妹俩有争执，父母都是先批评小欣，教育她要如何树立榜样，要学会理解与宽容，照顾好妹妹。听了太多说教，少女叛逆的种子在心里萌发，家中时时处于大战一触即发的紧张状态。渐渐地，父母认为小欣更加胡搅蛮缠。而小欣也越发委屈，认为不是自己的错还总是被指责。我静静地感受着一位母亲的委屈，同时也理解作为女儿的无奈。过去小欣是家人最疼爱的孩子，现在却要与妹妹分享这份爱，她一时无法接受，又不知道怎么沟通，就以唱反调的形式宣泄情绪，家庭矛盾逐渐突显。得知这个情况，我心中想着该如何协调孩子和家长之间的矛盾，眼下的亲子活动就是一个很好的契机。

亲子活动那天，小欣的妈妈特意和同事换班赶来，10位同学家长准时参加，活动内容精彩纷呈："两人三足"抢占高地，家长和孩子手拉手肩并肩，互为支撑，或踉跄或整齐地往前冲。孩子眼中是胜利的前方，家长的注意点时时刻刻都在孩子身上，保护孩子不摔倒成为他们活动的全部意义。孩子蒙着眼睛在很多个家长中间找出妈妈的手，漂亮而白皙的手，粗糙却温暖的手，孩子凭着对妈妈的了解去寻找，拉近了亲子之间的距离。最后有一个真情告白环节，要求以班级为单位，手拉手成一个圆圈面对面和父母交流，由班主任老师组织。

我组织了两个主题：一是你在我心中最美；二是那次是我不对。第一个主题由家长先表达，用一种赏识眼光看待自己的孩子。有的说，孩子懂事体贴；有的说，孩子主动承担家务；有的说，孩子的时间观念强。第二个主题，孩子主动说说自己哪些做得不对，家长在倾听孩子表达之后，也要说说自己在某一方面做得不足的地方。小欣说了一件事：初一期中考试后，自己成绩不理想再加上与妈妈意见相左，当天晚上选择离家出走，害得家人发动亲朋好友总动员满城寻人，她觉得自己做得实在不够理智，特向妈妈道歉，是自己太冲动了。小欣的妈妈勇敢承认自己在有妹妹之后，对小欣的关注较少，以为小欣是姐姐就理所当然要承担更多责任。并且承认在决定增加家庭成员前，也没有开家庭会议进行商量，没有充分尊重小欣的意见，是大人考虑不周全，希望得到女儿的理解和原谅。大家开诚布公，畅所欲言，将平时没有流露的情感大胆表达，无形中拉近亲人间的距离。

亲子活动后又过了一周，我联系了小欣家长，了解母女关系是否得到改善，并邀请孩子妈妈来学校掌握小欣的学习动态。一番交流之后，我说出了自己的想法：首先，作为孩子年龄差距较大的二胎家庭，处理姐妹之间的矛盾，不能光看年龄，要分出对错，父母要公平公正处理矛盾。年幼的妹妹有错在先就应该向姐姐道歉，不能享受特殊庇佑。其次，引导妹妹要充分尊重姐姐，如果想要属于姐姐的东西，一定要征求姐姐的同意；如果有好吃的东西，也要先想着留给姐姐。父母强力要求姐姐谦让，也要教育妹妹学会尊重。小欣得到了更多人的关心，肯定会懂得投桃报李。孩子在日记里提及，自己在学校努力奋进，其实是想被爸爸妈妈看到，再次成为家里的骄傲。最后，多多参与小孩的活动，陪伴是长情的告白，这需要保障时间，言出必行，以身作则。

渐渐地，小欣脸上的笑意更加温暖了。

搭建沟通桥梁

人与人相处，常常因为沟通不及时或者沟通不善，产生误会、矛盾，甚至纠纷，需要及时搭建沟通的桥梁，消除误会，冰释前嫌。

零零后的孩子经历了集万千宠爱于一身的专宠，也尝到了被分走二分之一关注的滋味，待遇的落差，巨大的变化，让他们一时很难接受。找不到平衡的支点，他们往往以叛逆的方式宣泄内心的不满和苦闷。作为家长，在教育方式上固守成规，以年龄大小决定事情对错，缺乏有效沟通，破坏了和谐的亲子关系，不利于对孩子的教育。作为班主任，搭建沟通桥梁，拉近心与心的距离，是重要的教育举措。

在倾听了小欣的委屈之后，我及时向家长反馈了情况。亲子活动当中，两个主题的设计，提供给孩子与家长互相了解的机会，家长和孩子在夸奖声中读懂了彼此的关心和在意，在反省当中窥见了彼此的真诚和深情。

亲子活动，搭建了沟通的桥梁，让孩子和家长诚心相对，化解了矛盾，实现了顺畅地交流，构建了和谐的亲子关系，助力孩子全面发展。

海浪无声漫过天

范 馨

"布置这么多作业，你让我们怎么写呀？"一位女同学站在桌子旁，杏眼圆睁，满脸怒气地瞪着讲台上的课代表。

"从来没有人布置背诵文言文，听写文言词语，你会不会当课代表呀！"一个男同学站在椅子上，挥舞着双臂，抢起手中的书，扔向课代表，宣泄着心中的不满。

其他同学，纷纷响应，责怪声，起哄声，越过窗户，穿过走廊，飘进了办公室里。自习课上，教室里群情愤怒，已经乱成了一锅粥。

当我赶到教室时，班上瞬间鸦雀无声。课代表怔怔地站在讲台上，一幅委屈神伤的样子。

我有些心疼眼前这位满腹委屈又无处辩驳的课代表。过往的点滴，"滴答滴答"地唤起了我的记忆。

"海浪无声将夜幕深深淹没，漫过天空无尽的角落……"语文课代表那悦耳的歌声常常从我们班教室里飞出来。空灵的音色，饱满的情感，让空气都变得那么香甜。有着音乐特长的他是同学们眼中的音乐达人、欢乐使者。

"来来来，课代表，给我们来一首，赶跑瞌睡虫。"连排课时，同学们的呼声一浪高过一浪，每每这时，课代表都会在大家的期待里放声歌唱。

课代表严谨勤勉地工作也是出了名的。"老师，数学作业没交齐。""老师，英语作业，还有几只'癞皮狗'要等一下。"其他课代表会每天跟我汇报交作业的情况，语文课代表却从未向我反映过迟交缺交的情况。

每一次年级公布早晚读情况的公示栏里，"声音洪亮，学生积极投入"

的评价总是那么醒目地跃入眼帘。每一次早晚读，语文课代表都是第一个来到教室，他全情投入，激昂有力地领读，总能点燃同学朗读的激情。

他明明是很受全班同学拥戴的呀，今天怎么会成为众矢之的呢？

记得开学第一节课选课代表的时候，一句"我来，交给我，我能做好"，顿时让开朗乐观、活泼自信的他脱颖而出。没有豪言壮语的盟誓宣讲，这一句自信的承诺，让老师和同学们相中了他。学校举行语文学科知识竞赛决赛，当分数和排名出来时，课代表榜上无名，我寻思着该怎么告诉他这个结果时，他却主动问起了我。

"老师，我多少分？"他一脸期待地看向我。

听着他脆脆的声音，我想着以他的个性，完全能撑得住，于是毫不掩饰地告诉他。

当他得知自己只有60多分，没有获得学校奖项时，并没有一丝的神伤，而是骄傲地向全班宣告："即便没有入围，我也是过了初赛，杀入了前五十名。"

他眉飞色舞、自信满满的样子印证着他强大的内心。

这个自信开朗的孩子，此时，却像一个受了重创打了败仗的战士，今天，究竟是怎么了？

难道是因为上次的考试？我沉思着，在脑海里不断寻找答案。

回想起上次考试后，我携着试卷走进教室，把目光投向了课代表，示意他把试卷发下去，他却眼神失落，沮丧地起身走向我。那一刻，他素日的活泼开朗、自信满满，仿佛被屏蔽了，判若两人的样子，让我有些担忧。

当成绩公布后，得到满意分数的同学神采奕奕，喜悦的气氛洋溢在教室里。只有语文课代表，他脸上的笑容掩藏不住他内心的失落。

其实，他考得并不差，也许是没有达到他预期的效果；也许，他觉得自己是语文课代表，就得是语文科目最优秀的学生。上一次学科知识竞赛，他能凭借强大的内心平复起伏的心绪，但这一次考试，也许真的影响到了他的心情，以至于布置作业时，没有兼顾到其他学科，没有考虑到个别基础差的同学，造成了今天怨声载道的局面……

我觉得，我应该做些什么。我略作思考后踏上了讲台。

"同学们，老师今天想感谢一个人，感谢他为老师分忧，也感谢他为同学们的成绩担忧。"同学们抬起了刚才故作镇静埋着的头，把眼光纷纷投向了还在讲台上尴尬站立的课代表。他们都知道，我说的是谁。

"前几天，我与课代表对比了我们班与其他班的成绩，我们班年级排名第二，但我们的课代表却觉得，以我们班学习的干劲和实力，拿第一名是完全没有问题的。所以他增加了语文作业的量。他牺牲了自己的休息时间，比对了我们失分的地方，发现文言文这块，我们失分比较严重，所以他要大家背诵文言文，听写巩固文言知识。只有攻破了文言文，期末考试我们才能再上一个台阶。同学们，你说，对待这样一位同学，我们是把他哄下台呢，还是应该好好感谢他呢？"说完，我用征询的目光看向同学们。

同学们都深深地把头低了下去，我懂得，这个姿势里满蕴着歉疚、自责和认可。

"没有付出，就没有回报，虽然现在辛苦些，但没有苦，哪有甜呢？"我趁热打铁。

"你说说，我们应该怎么做？"我把刚才闹得最凶的孩子叫了起来，他的声音太有特色了，我坐在办公室里都能听见。

"对不起，我们误会你了。"他向着课代表自责地说。

……

我只字未提课代表的成绩，我知道他也许是心情低落，忽略了作业的量，我相信他的实力，也知道他一定不会因为一次成绩而一蹶不振。我只想今天给他撑一次腰。其余的事情，我们都可以好好商量。

"来来来，课代表，给我们来一首，赶跑瞌睡虫。"同学们欢快的声音再一次响起来了。

"海浪无声将夜幕深深淹没，漫过天空无尽的角落……"课代表领唱，同学们击节而歌，悦耳的歌声回荡在教室里。

给负责的孩子撑次腰

当素来负责、努力的孩子，遇到来自同学们的质疑和否定时，给孩子撑次腰，动作很小，意义很大。

工作认真负责的课代表在一段时间内连续遭遇了两次"滑铁卢"，一向自信阳光的他，心灵上受到了小小的伤害。肩负课代表的工作，责任让他对自己要求特别的严格。因而，一时之间，他有点恍惚，以至于布置作业时没要考虑周全，引发同学们的抵触情绪。我及时站了出来，给孩子撑了一次腰，力挺他的全情投入和良苦用心，撑起他勇往直前的信念和锐气。

在中学生的生活里，风浪袭来时，友谊的小船常常会颠簸。给负责的孩子撑一次腰，撑起一份承受责难的坚韧，撑起一份独行的勇气，撑起一份中流砥柱的担当，撑起一份敢为人先的魄力，也撑起一份急他人所困的爱心。

PART 2

第二辑

教育在等待时

这些残叶走过了春的嫩绿，夏的青碧，秋的灿黄，在风刀霜剑中倔强地屹立于肃杀的枝桠，站成冬天里残缺的希冀，执意不肯落下……

窗外，一年春草又绿

李苏芳

雨，是春天里悠远的音符。

好些日子了，春雨连绵，淅沥晨昏。在诗词里，三月的雨，如烟似幻，杨柳吐出点点新芽，枝与芽织成薄薄的轻纱，诗人说"柳如烟"。水光潋滟，山色空濛，那才是诗人要轻笔点染的写意画啊。可是，透过窗外，扑面而来的是刺人肌肤的寒流，是伤人心绪的缱绻不绝的冷雨。惊蛰已过，春将半。这急骤的鼓点击打在大地上，细雨斜风、剪空掠影的画面竟成了怅惘的怀想，待这春雨尽去，应是"落红万点愁如海"吧。

我在办公室里坐了下来。终于结束了第四节语文课，唇干舌燥，肚子在咕噜咕噜，饿得直抗议，身子有点发软。一丝寒气从湿透的鞋袜漫上来，我望着窗外的雨，不由得有一点落寞。

"老师，我想和您谈谈语文学习的问题。"

一个男生走了进来，打破了我的遐想。他一米七八左右的个子，清秀的脸上掠过一丝羞涩的微笑，霎时又收敛了，就如这天色，好像要泛白，黑沉沉的乌云却迅疾聚拢，一幅雷雨将倾的样子。他手里拿着一套语文模拟试题，站定后神色凝重地望着我。

"最难风雨故人来"。作为一个老师，每逢学生前来询问，心里便生欢喜，再累也在所不惜。言语是老师在春天里播撒的种子，但凡有一句两句恳切的话在学生心里生了根，发了芽，甚而长成了枝干挺直的大树，为人师者的使命便顺势结了果。

我望着他，微笑着，如平日里面对那些渴盼而热切的眼神，等着他说出内心的困扰。

"老师，我是高二进高三时的语文单科王啊，可我这次语文测试只有90分了。"

男生的脸上泛起一阵红潮，试卷在他的手里瑟瑟地微颤着。宁静的办公室里，他的声音裹挟着隐隐的风雷，冲击着我的耳膜。

语文单科王？我努力地回想，却真是不记得了。一个语文素养在全年级拔尖的班级里，每一次考试都会产生不同的单科王。非常多的学生在语文课上激情洋溢地讨论发言，我捕捉到的是同学们频频点头的模样，是他们追寻的目光，坐在后排的学生被挡住了，他们欠起身子，也要迎着老师的视线，他们眼睛清亮，目光灼灼，唯恐错过了老师说的每一句话。那些同频共振的会心的眼神里，好像并没有他。

看着试卷上全军覆没的名句默写题，我蓦然想起，一次语文课，无意间走到他旁边，他课桌上还摆放着上节课的数学书，见我望着他，才慢腾腾地拿出语文书来。

男生看着试卷，低声说："我是高二进高三时的语文单科王，但是一轮复习以来我就没怎么听语文课了，早自习也是背诵其他学科的知识点，名句默写全错了。"

"冰冻三尺非一日之寒"，看来，这个自信不羁的孩子游离语文课堂已经很久了。他幽幽地叹了一口气，低细微弱，却执拗地晕染开来，空气里弥漫着幽怨、嗔怪、委屈……五味杂陈，百感交集。一种挫败感涌上我的心头。课堂，那是一个老师用心血耕耘的田园啊，岁岁年年，青丝暮雪，唯有学生扬起的笑脸和会心的眼神才是老师渴求的勋章。可这个学生，他分明是不喜欢我的语文课，才有了这样的沦陷。

"我很抱歉，你不听语文课，这一定是我做得不好，没有让你喜欢我这个语文老师，喜欢语文课，请你原谅。"有多少年没有这样说过道歉的话了？我不知道。此时，我像一个做错了事的学生，站在这个质疑我的孩子面前，羞愧难当。

窗外，鸟鸣啁啾，雨滴滴滴。教学楼里，学生们都在安静地自修，午饭时间也不舍得离开教室。偌大的校园，渺然有江湖千里之境。聆听这自然的弹唱，我们于宁静中往往听得到真实的自己，听到拔节的灵魂。

看着他稚气的脸，我的心突然痛了。他明明还是个孩子，这个即将高考的孩子独自跋涉着，陷入了迷雾，他是真的累了，撑不住了，所以来找我。此时，我的羞愧和委屈算得什么呢？我怎么可以觉得孩子是质疑和责怪呢？人生长路，每个人都是孤独的，每个人都是在孤寂的路上前行，每个人都信奉"给得再多，不如懂我"。我要读懂这个孩子的心语，我要用坚实的肩膀扛起他的委屈和无助。

"你今天来找我，我心里是特别感激的，感激你的坦诚和信任，也感激你这样理性交流的君子气度。如果没有你对我说心里话，我还只关注到那些会心的眼神，忽略了课堂里还有着迷茫的眼神。我们的课堂，就真的会有遗憾了。"说到君子气度，我笑了，男孩也不好意思地笑了。

这恰恰是两天前我在语文课堂里提过的话题。五四运动中，林纾拒绝议员张长礼的利用，表明了读书人与政客道不同不相与谋的立场，同时，拒绝用小说《妖梦》含沙射影攻击新文化运动的方式，而是写公开信给北京大学校长蔡元培，坦诚自己的文化立场，捍卫桐城一派的文学地位。写小说来影射，是拐着弯来骂人；但写公开信，却是堂堂正正地亮明观点。读书人，要的就是这个堂堂正正的君子气度。

君子一样地剖析问题，理性地表达观点，为人坦荡，胸襟开阔，这是我与学生的约定。男孩懂得这个约定，他来找我，就是要坦诚内心的雾霾，相信老师是他忠实的战友，他展现自己的无助，只是因为他知道，面前的老师，是深爱他的人。慢慢地靠近吧，给疏离和隔阂留一点消化的时间，给理解和体谅留一点悄然生长的温度！毕竟，前方等你的是一个孩子敞亮的心房，一个等待阳光的明媚的世界，而你需要的只是一颗可以承受这个世界的心！

"谢谢你今天来找我，我很庆幸我们还有足够的时间来发现问题，及时纠正，现在我们一起来说说具体怎么做吧……"我们展开试卷，一起分析着，探讨着。

窗外，雨一直下着，枯黄的叶在雨中簌簌落下，谱写着一首湿漉漉的离歌。这些残叶走过了春的嫩绿，夏的青碧，秋的灿黄，在风刀霜剑中倔强地屹立于肃杀的枝桠，站成冬天里残缺的希冀，执意不肯落下，却在多情的春雨里，奔赴一场壮丽的谢幕。也许，枯叶有过抱歉，有过无奈，有过不安和愧疚，但更多的，却是对春天里新生的成全吧。看啦，它们曾经屹立的树枝上，嫩黄的新叶已冒出芽尖。

第二天的语文课，我记得自己给男孩的许诺，更多地强调课脉的起承转合，关注每一个学生的目光。我欣喜地看到，坐在最后一排的那个高高瘦瘦的男生，腰挺得很直，伸长了脖子，专注地听着课。窗外，雨停了，青山绿野，天地为之一新。

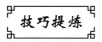

过滤负面情绪

"转轴拨弦三两声，未成曲调先有情。"音乐的弹唱，须定调，定弦，定音，一曲美妙绝伦的乐曲方可从指尖汩汩流出来。老师与学生谈话，也须准确定调，定弦，定音，定准积极的、向上向善的基调，过滤负面情绪。

文中的男生，他的游离与沉沦自有诸多原因。"我是高二进高三时的语文单科王啊"，这一声长叹，可见他的自信，甚而自负。他对降到90分的现状感到失望、委屈、不甘，甚至嗔怪老师，埋怨课堂。当他拿着试卷独自来办公室找我，我没有正面迎接这些负面情绪，而是努力让自己的内心空明澄澈，过滤他的负面情绪，试着去读懂他的内心，把握他的主调。我看到了他要提升成绩的渴求，要融入课堂正轨的期盼。于是，包容与肯定，赞许与帮助，成了我要把握的谈话主调。

教育，发生在心里装着学生，转轴拨弦的那一刻。读懂学生的内心，在学生复杂而丰富的情感世界里拨动那根主弦，准确地定调，定弦，定音，把负面情绪过滤掉，才能弹奏一曲温暖欣悦的协奏曲。

教育，少不了"冷热交替"

廖亚男

"廖老师，廖老师，小 Y 和小 Z 在教室里打起来了！"

"为什么呀？"

"不知道。两个人都在哭，小 Z 还把桌子踢翻了。"

前脚才走进办公室，刚泡的菊花茶还没喝上一口，班长就来告状了。我放下水杯就要往教室走，转念一想：不行，现在俩人一定还在气头上，得先凉一凉，等他们情绪平复下来再说。

"还在打吗？"我问班长。

"没有了。同学们把他们扯开了。"

"好的，老师知道了。"

我重新坐下，看杯中的菊花变得舒展而丰盈……小 Y 是三年级时转学到我班上的，小 Z 比他晚来一年。小 Y 性格开朗，大大咧咧，心直口快；小 Z 刚好相反，性格内向，不爱说话。不过俩人都有一个特点：容易冲动，而且脾气大。小 Y 发起脾气来大吼大叫，小 Z 爱哭，急起来就"发功"：坐在座位上手脚并用往前推、身子往后退，再伴着"啊——"的大吼，前后的课桌椅就或倒或歪遭了殃。今天是什么原因，短短几分钟俩人就起了冲突呢？

"叮铃铃——"，正想着，上课铃响了，我起身走向教室。透过窗户，我看到教室里同学们坐得端端正正，课桌椅摆放得整整齐齐，丝毫看不出打斗的痕迹。小家伙们把战场打扫得挺干净！讲台上，小 Y 和小 Z 并排站着，面对着教室前门。只见小 Y 胖乎乎的脸蛋涨得通红，泪痕清晰可见，圆鼓鼓的小肚子随着"呼哧呼哧"的喘气声一起一伏，鼻涕流出来又被"哧溜"

一下吸进去；小Z则低着头，肩膀一耸一耸的，两只手不停地摆弄着衣角，时不时抬起一只手擦擦眼泪。看样子，俩人心里都还憋着气呢。该怎么处理呢？把俩人批评一顿，再互相道歉，最后教育全班同学要团结友爱？太老套。对这两人有没有用都不一定。一抬头，上节课的板书映入眼帘：把一件事情说（写）清楚。有了！这不正好有一件"新鲜出炉"的事情吗？

我不动声色地走上讲台，一边轻声问道"谁让你们站上来的"，一边把纸巾递给两个孩子。

"他们刚才打架，自己站上去的。"坐在讲台前的同学说道。

"同学们，我们都知道课间小Y和小Z打架了，可是我们不知道他们为什么打架。接下来，我们请小Y和小Z分别来把这件事说清楚，旁观的同学可以根据自己看到的进行适当的补充，我们一起还原这次'打架事件'，好不好啊？"

"好！"同学们异口同声答道。

"你们俩谁先说啊？"我看着身边的俩人问道。

"我来说！"小Y看向我，目光清澈。

"事情是这样的，"小Y转过身面对着同学们，"下课了，我想出去玩，经过小Z身边的时候，不小心碰到了他的手，他就打了我一下，我又打他一下，然后我们俩就打起来了。"

"小Z，是不是这样？"

小Z不作声，只重重地点了一下头。

"小Z，小Y不小心碰的你，你为什么要打他呢？"

小Z低着头，还是不作声。

"老师，当时小Z在写作业，被小Y碰了胳膊，把作业划花了。他可能是生气了，所以打了小Y一拳。"一位同学举手说道。

"是这样吗？"我抚摸着小Z的肩膀问。

小Z没作声，又重重地点了一下头。

"小Y，小Z那一拳打在哪里？当时你是什么感觉？"

"他很用力，打在我背上，我觉得很痛，很烦躁，所以就还手了。"

我将"打、疼、烦躁"写在黑板上后接着问："那你们两个后来是怎么打的呢？"

"就是这样、这样……"小 Y 自顾自地比画起来。一直低着头的小 Z 侧过头看向小 Y，似乎在看他还原得对不对。

"同学们，看了小 Y 的情景再现，你发现两位同学打架时用到了哪些动作？"

抓、抢、推、掐……黑板上的词语越来越多。

"小 Y，请将这件事再说一次，注意将动作说准确，将自己的感受真实地表达出来。"

……

"同学们，小 Y 作为此次事件的当事人，已经将事情清楚地说出来了。你们作为旁观者，能将事情说清楚吗？谁愿意试一试？"

一只只小手举了起来……

"事情的来龙去脉我们都清楚了，接下来，请同学们就这件事情发表自己的看法。"

小 L 说："我觉得小 Z 不对，不能动不动就动手打人，男子汉要心胸开阔一些才对。"

"我觉得小 Y 不对。如果他及时跟小 Z 道歉的话可能小 Z 就不会打他了，就不会打这场架了。"小 J 说。

"我觉得我们应该从这件事吸取教训。不在教室里奔跑，对待同学要宽容，遇到事情不能冲动，先想一想这样做对不对，不对的坚决不去做。"班长说。

……

此时，一直低着头的小 Z 慢慢地将头抬了起来，极认真地听着同学们的发言。

"小 Y、小 Z，听了同学们的话，现在心情怎样啊？"

"嗯——我现在很后悔，因为一个'不小心'和一时冲动，浪费了宝贵的课间休息。"小 Y 嘟着嘴，似乎在生自己的气。

"那——现在怎么办呢？"我看小 Z 没有要说话的意思，就接着问道。

教室里安静下来。

我有些担心，因为不知道孩子们的自我反省到底有多深刻。

忽然，小Y转身走到小Z的面前，说："小Z，对不起。我碰到了你没说'对不起'还打了你，是我不对。我向你道歉，请你原谅。"说完，对着小Z深深地鞠了一躬。

小Z站在那一动不动。空气仿佛凝固了。怎么办？要是他不回应，我该做些什么呢？

还没等我想出救场的招，小Z忽然冲过来，紧紧抱住小Y，嚎啕大哭起来。

我们一下子都愣住了。还没等我反应过来，教室里响起了一片掌声，我也情不自禁地和同学们一起鼓掌。掌声中，小Y伸出双手抱住了小Z；掌声中，我看到好几位同学和我一样眼中泛起了泪花。

过了好一会儿，掌声才停下来。我牵起小Y和小Z的手叠放在一起，深情地说："同学们，此时你们心中一定和老师一样极不平静，让我们拿起笔，将这件事清楚地记录下来，将内心的感受尽情地抒发出来吧！"

教室里又安静下来，只听见"沙沙"的写字声，温情的句子在同学们的笔尖流淌，空气中满是温暖、友谊、宽容和美好。

教育，少不了"冷热交替"；教师，要具备"冷处理、热加工"的能力。如何将突如其来的事件转化为教育契机？教师要冷静地分析、处理，知道什么时候该顺其自然，什么时候该介入，将意想不到的情境进行出乎意料的"热加工"，把危机加工成教育、教学的资源，让小事变得有意义。

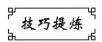

以语文的方式一起还原

学生之间发生口角、打斗是日常生活中司空见惯的事，不少老师都会要学生去还原事情经过，但在还原事情经过时，孩子们往往会放大对方的过失，忽略自己的过错，此时，老师们也常常用纪律约束、"各打五十大板"的粗暴方式来压制学生之间的矛盾。其实，越是司空见惯我们越不可用千篇一律的方法来处理。语文老师，不妨让学生用语文的方式去还原经过，比如把他们的动作写在黑板上让学生一起品读，一起拿捏，读着读着，想着想着，情景真实再现。

人们常常感叹："如果可以再给我一次机会，我会……"那就给孩子一次机会，用语文的方式还原，用积极的语言、温暖的眼神和形象的动作将事情引到具有教育意义的方向上来，一次还原就是一次细节的描摹，一次生活真实转向艺术真实的提炼，一次情感的细腻梳理，一次内心的自我审视，更是一次理性和善良的回归。那些冲动，那些莽撞，那些遗憾，都可以在这样的还原中，得到调整和弥补。

读懂"冰山"下的渴望

杨琴华

心理学上说，我们整个人就像冰山一样，冰山浮在上面的部分是行为与情绪，冰山以下是我们的心理需求。我深以为然。

记得三个月前，我刚调入这所新的学校。得知我会成为五年级某班班主任时，同事们的提醒便接踵而至。

"那个班接不得，学生没一个省心的。"

"那些熊孩子，每天就知道变着法儿地捣乱，没有一节课能轻轻松松静下来。"

"任课老师可没少掉眼泪，教那个班，心理迟早崩溃。"

据说班上有一位名叫小林的同学，以他为首的"四大天王"，即便是坐在教室的东南西北四个角落都能挤眉弄眼、花样百出，让同学们无法好好上课，是个最让老师头疼的孩子。

我真正注意到他是在第一次午休，不知道是因为什么，他拼命想争取一个午休管理员的职位，十分积极地帮我各种张罗，不断央求我让他试一试。也许是觉得能在讲台上发号施令很神气，也许是觉得收掉那些不守纪律的同学的玩具、漫画书等，能一解平常因捣蛋被同学们排斥的心头之恨。我想着只要我还能给他想要的东西，就一定能找到教育契机，于是答应让他试着管理看看。

毋庸置疑，他确实很让人头疼。他不管的时候，午休充其量有些稀稀拉拉讲小话的声音。他一管，各种鸡飞狗跳。记名字不公平，恐吓违纪的同学，公报私仇，自己讲话的声音比谁都大……状况百出，根本无法服众。一周之后，三十几位同学"联名上访"，递纸条给我提出强烈抗议，一致要求让他"下岗"。

罢免了他，无疑会让他更自暴自弃，以后再想转化他就更难了。不罢免吧，民怨沸腾，势必影响学习情绪。左右两难的困境让我陷入了沉思。不行！"解铃还须系铃人"，我得找他好好谈谈。

办公室里，他很激动。

"我没说话，我只是为了制止他们。"

"不是我，老师，是他们一直针对我！"

"他们就是想把我弄下来……"

我一直没有说话，静静地听着他一声高过一声的陈述，想让他从自己的话里自然地归谬与反思。

"老师，我把收缴的东西都还给他们。"

"老师，我可以管好的。求你了……老师……别让我下台。"

说到后面，他着急的声音里已经带有了哭腔。

显然，他并不想失去这个岗位，他很想向我证明他可以，他太需要肯定。"不愤不启，不悱不发。"我想，这就是我一直等待的教育时机。

"小林，老师相信你，你一定想成为老师的好帮手的，对不对？"

"当然啦，老师。"他拍着胸脯保证，似乎恢复了一点自信。

"老师发现你是个不可多得的管理人才，你有胆量，又有头脑，要不老师也不会从这么多同学当中唯独选中了你，对不？"

他显得有些开心，又有点不好意思，微微扬起的眉头里是无法掩饰的自豪感。

"老师有'三招'绝密的法宝，保管让同学们服你，你想知道不？"我卖起了关子。

"当然想知道，老师，你就告诉我吧。"他的好奇心与好胜心溢于言表。

我开始跟他讲"身正"，讲"规范"，讲"奖罚"。从《论语》的"其身正，不令而行"讲到德鲁克的"管理者五忌"，从国内讲到国外，从分组管理讲到榜样树立，从小故事讲到大道理，不一而足。一个多小时的长篇大论，却不见他有丝毫倦意，还时不时提出些困惑来寻求答案。他眼神里流露出的异样神采告诉我，这是他听得最认真的一次"讲课"了。

接下来，他主动到班上声正言明地表态，要调整自己的各种做法。我也力排众议，为他保住了来之不易的"午休管理员"职位。他很珍惜这几乎是失而复得的机会，开始努力以身作则，开始组织同学们立规矩，开始学着"奖罚分明"……诚然，对我，他也开始有了一些敬意与感激。

不久后，在学校举行的运动会上，他刚跑完200米短跑，突然嘴唇发白，手脚冰凉，全身瘫软了下去。我急忙上前扶住了他，让他平躺在草坪上，并叫了救护车。直觉告诉我，可能是低血糖引起的晕厥！我一边让同学找来糖水喂给他喝，一边跟他说着话，希望能叫醒他。同学们也都围过来关切地叫着他的名字。十几分钟后，他的情况稍微有些好转，慢慢睁开疲惫的双眼。我分明看见，他的眼睛里有泪光闪烁。后来他告诉我，他的爸爸妈妈很早就离婚了，他跟着爸爸生活。爸爸上班比较忙，几乎没时间管他，从没有人为他这么着急过。现在回想起当时的情景，脑子里还是一片忙乱，也许，正是那些忙乱温暖了他，也彻底改变了他。

后来的他，慢慢地能与同学们友好相处，能聚精会神地听课，能像模像样地写作业。我没有放过任何一个表扬他的机会。"小林今天的作业第二题做对了！""小林的字写得越来越好了！""小林今天的发言很精彩。"……我想着法儿肯定他的每一点进步。

"亲其师，信其道。"《学记》里的这句话，我一直奉为至理。尽管后来他还是会出各种状况，可号召所谓的"四大天王"故意与老师为难的事情再没有发生，跟同学们发生冲突的次数也越来越少了，考试还能得到"A"了。就连好不容易得到的运动会奖牌，只因我说的一句"好看"，他便一个劲儿地要送给我。研学时他费尽千辛万苦从水稻田里找来一枚鸭蛋，二话不说非放在我的办公桌上。即便偶尔被叫来办公室，也不用老师开口，便会耷拉着脑袋面露难色地开始细数自己的种种不该。

至此，我开始真正理解冰山下那些深藏的渴望，那一颗颗渴求关爱与信任的稚子之心。

从孩子的渴望出发

接手新班，面对这样特别调皮的孩子，我们应该怎么办？或许一百个老师有一百种答案。然而我看来，一定离不开"读心"。"读心"是教师"出奇制胜"的法宝。通常我们的教育方式是站在教师的角度去思考，"我认为是这样"，所以，你们就应该这样。我们鲜以儿童视角去教育他们，去理解他们的渴望。

当他们遇到挫折，遭遇阻力，我们别急于宽慰，更不要急着否定。耐心听听孩子的诉求，看看他们缺乏什么，想要什么，想想怎么帮助他们实现。当小林同学面对被同学们集体否定的困境，眼看好不容易建立起来的一点点自信与集体归属感又将消弭于无形的时候，老师的理解与支撑就显得尤为重要。抓住了这样的契机，我们就能将孩子从自暴自弃的悬崖边拉回来，激励他积极地完成自我蜕变。

教育家苏霍姆林斯基告诉我们，教育技巧的全部诀窍就在于抓住儿童的上进心，抓住这种道德上的自勉。要是儿童自己不求上进，不知自勉，任何教育者都不能在他的身上培养出好的品质。同频方能共振，读懂孩子，了解孩子心底的真正需求，我们才能找到那条通往孩子心里的路，进而找到教育的契机。蹲下来，保持和孩子一样的高度，以同理心平等对话，用心关怀，我们一定能听到拔节生长的声音。

蹲下身来，陪他做一只蘑菇

姜灵妍

"老师老师，不好了，小毅打人了。"课间我正靠在椅背上休息，有同学冲进办公室，急促的声音打破了办公室的宁静。

我赶忙来到教室查看情况。教室里三五成群，说说笑笑，热闹极了。小毅站在桌前，双手捏着拳头，眼里含着泪水；前桌的同学则捂着额头，眼里含着疼痛：双方对峙着。我查看了伤情，只是有点红肿，并不严重。安抚好受伤的同学，我拉着小毅的胳膊来到了办公室。

小毅是一个性格内向的孩子，平时很少说话，他常常一个人坐在角落里，用羡慕的眼神望着周围的同学嬉闹。自从上次县防疫站来学校给孩子们打疫苗，小毅因为"晕针"被吓晕过去后，同学们就给他起了个绰号"胆小鬼"，小毅就更沉默了，他偶尔想表达自己的意愿时，常常还没有开口，同学们已经一片哄笑，他只好用尴尬的笑容掩饰内心的窘迫。此后，他常常低着头，缩在角落里，如惊弓之鸟；偶尔也会用余光打量周边的世界，但眼神里盛满了不安，没有了星光。

此刻，这个男孩就站在我眼前。

"能过来一点吗？"我亲切地问他。

他站在桌子侧面，离我有点远，低着头，眼睛看着地面，眼里噙着泪水，泪水里有委屈，拳头依然紧握，微微颤抖，拳头里握着愤怒。他一声不吭，我像在跟空气对话。

"能再过来一点吗？"我再一次询问。他像一座满含愤怒的倔强的石雕，依然立在原处。

我只好挪动椅子，主动靠近他。我拉过他的双手，用我的大手稳稳地包裹住他颤抖的小手。他依然低着头，有些抗拒。

"我知道你很委屈，心里很难受，如果你想哭，就哭出来，这里没有别人。"他依然倔强地立在原地，但泪水却无声地顺着脸颊汹涌而下。我帮他轻轻拭去泪水。

"你是一个非常有爱心的孩子，老师们都非常喜欢你。下雨的时候，雨水溢进了教室，你担心打湿了同学们的鞋子，一个人默默地打扫干净；老师感冒的时候，你关心老师的身体，偷偷地在讲台上放上一杯温水……这些，老师都知道！"

他的身体开始变得松弛，他微微抬起了头，眼神里有委屈，有柔软。

"今天，老师想当一个听众，你愿意跟老师说说刚才发生的事情吗？"我诚恳地征询他的意愿。

"他们……他们……欺负我，把……把……蚯蚓放在我书本里，我一打开，吓得把书扔了，就打……打在了他的头上，我……我……不是故意的。"这一次，他放声大哭，一边哭，一边断断续续地诉说着刚刚发生的一切。

我揽过他的肩膀，轻轻地拍着，想给他一些安慰和力量。

"小时候，老师课堂上讲过的两位数的竖式加法，我却不会做，被同学们嘲笑，他们都叫我'猪小妹'，也没人愿意跟我玩，我也很委屈很难受。"听到我说起自己的童年往事，他突然止住了啜泣，用手抹干眼泪，看着我，眼神里有惊讶，有同情。

"你可不能告诉别人哦，这是我们之间的秘密。你想知道老师是怎样改变这种状况的吗？"他点点头，带着期许的眼神看着我。

"有一次，学校举行演讲比赛，老师就主动报名参加了，尽管只拿了优胜奖，但老师用行动证明了'我能行'！老师相信，你也一定可以的！我们得——主动出击！"他微微点头，眼神里有力量。

……

处理好小毅的事情后，紧接着是我的课。

"请同学们仔细阅读《走一步，再走一步》，然后说说小亨特是一个怎样的孩子。"今天，我们学习美国作家莫顿亨特的《走一步，再走一步》。

同学们迅速地进入了阅读的状态，只有斜射的阳光穿过树缝，跳进窗户，调皮地在课桌上、书本上、身上捉着迷藏。

我关注着整个教室，从每一位同学的表情中，判断他们的思维活动。

时光在斜射的阳光中悄悄溜走，此时，一双双高举的小手，已经散布在教室的各个角落，犹如雨后破土而出的尖尖细细的竹笋。

这时，角落里窗户边的一个男生也怯怯地举起了手，低低的，有些迟疑，当我的目光滑落在他身上时，他的手举得更低了，脸涨得通红，眼神中有些期许，有些躲闪。

哦，是小毅。我先是惊讶，接着涌上来的是惊喜！我知道，这是再一次点亮"星光"的机会。

我笑意盈盈地、响亮地唤起了小毅的名字，我想让全班同学看见他的勇气。

声音刚落，所有同学都齐刷刷地看向了小毅，表情里蓄满了"阴谋"，他们正在等待一场"别开生面"的"喜宴"。

他略有迟疑，弯腰挪开凳子，缓缓站直身子，低着头，躲避着同学们射来的"光柱"，结结巴巴地"跌落"出他的答案："小……小亨特，是……是……一个……勇敢……勇敢……的孩子。"整张脸因为结巴而涨得发紫，捧着书本的手颤抖起来，一句简单的话语像是堵塞的泉眼，断断续续。

同学们再也控制不住，哄笑喷薄而出，溢满了整个教室。哄笑就像一张阴郁的网，一下子就了网住了他心底升起的一丝勇气。他颤颤缩缩，眼神闪烁不安，甚至带着乞求，看向周围的同学。

我的心突然收紧了，我害怕把他推向更无助的境地。我定了定神，安静地等待同学们的哄笑渐渐停息。我没有责备，话题一转："同学们，小亨特第一次冒险去爬悬崖，老师先请你们打开记忆的闸门，谈谈你们生命中的第一次。"话音刚落，同学们就叽叽喳喳，七嘴八舌地议论开了，全然忘记了自己的哄笑在小毅的心里会激荡起怎样的波澜。

"我第一次学游泳的时候，看着蓝色的涌动着的水，总想着水底会有一双无形的手把我拖走吃掉……"

"爸爸教我学骑脚踏车的时候，车头拼命地摇晃，手心直冒汗，膝盖都摔破了……"

"我第一次参加演讲比赛的时候，腿直哆嗦，声音抖得厉害……"

"同学们的生活真精彩，你们还记得第一次做这些事情的时候，你害怕、摔跤、紧张的时候，是怎么坚持下去的吗？"我微笑着，装作好奇的样子，引导大家继续走向记忆深处。

"妈妈鼓励我，说水里有我喜爱的蓝鲸，如果我学会了游泳，就可以成为蓝鲸的朋友。"

"爸爸说，只有流过血的手指，才能弹出最美的音乐，只有流过血的双腿，才能把脚踏车骑得像风一样。"

"同学们在舞台下面，高举着双手，向我竖起了大拇指。"

同学们细数着记忆中来自父母、同学、陌生人的力量。

"老师也有难堪的第一次，第一次打针，一看见针头，就立刻晕了过去，如果有一天老师迫不得已要打针，你会怎么做？"

"我会用双手捂住你的眼睛。"

"我会给你讲笑话。"

……

同学们你一言我一语，群策群力，贡献着一个个"锦囊妙计"。

"同学们，老师感觉到了你们的一片真心，我真的特别感动！假如我不是你们的老师，只是你们的同学，我比较内向，不爱说话，害怕打针，害怕回答问题，我可能因为紧张，说话结结巴巴，你们会怎么做？"说完，我微笑着，真诚地等待着同学们的回答。

教室里突然陷入了宁静，只有窗外树上稀疏而嘹亮的蝉声。我环顾着整个教室，有的同学表情开始变得凝重，有的紧蹙着眉头陷入思索，有的摩挲着拳头，眼里有不安……

"老师，小毅，对不起，我们错了！"班长首先站起来，诚恳地表达了自己的歉意。

随之，教室的各个角落里，都传来了同学们小声却真诚的歉意："对不起！"

"小毅同学，读了文章，你觉得亨特是个怎样的孩子？能给我们再说一遍吗？"

"小……小亨特，是……是……一个勇敢……的孩子。"小毅顿了顿，他有些激动，声音有些颤抖，依然结结巴巴。

但此刻，教室里响起的却是真诚而热烈的掌声……

窗外的阳光在时光中跋涉，此时，正好洒在了他的身上。他站在桌前，身体挺得笔直，干净的面庞上，退去了不安，他欣喜地、感激地环顾着每一位同学，回应着每一位同学真诚的掌声，这一刻，我看见他眼里有星辰大海……

技巧提炼

不妨"同病相怜"一回

《天才在左　疯子在右》里，一位病人认为自己是一只蘑菇，每天不吃不喝，蹲在角落里，像一只真正的蘑菇。医生没有生拉硬拽，也没有生硬地说教，而是选择蹲下身来，跟他"同病"，陪他做一只蘑菇。几周之后，这位病人就能像正常人一样生活了。跟患者"同病相怜"，在心理学上叫"共情"。美国当代心理学家罗杰斯认为，"共情"是指设身处地为他人着想，以他人的方式体验事件和情绪的能力。

文中的男生性格比较内向，又因为一次"晕针"，成为同学们捉弄、嘲笑、轻视的对象。这些"噪音"，让孩子变得压抑、沉默、自卑。第一次"共情"，我与孩子做了一回"同病相怜"的人，很自然地触及了孩子心底的柔软，让他脱掉了防备的铠甲，敞开心扉，释放自己，并激发出他改变现状的决心和力量。他经过挣扎和思考举起手来，是一次勇敢的尝试。当同学们的嘲笑如洪水一样再一次袭来时，我又设计了第二次"共情"，让孩子们与小毅做了一回"同病相怜"的人。我引导同学们回顾自己生命中的第一次，让他们在过去的生活情境中进行身份的互换，从而产生"同病相怜"的情感。通过这种"共情"，小毅同学感受到了被理解和被认可，这是小毅重新出发的勇气和力量之源。通过"共情"，同学们懂得了在面对他人的短处、痛处时，应持宽容、理解、关心的态度。

在对孩子的教育中，有时候，我们不妨"同病相怜"一回！

耳朵是通向心灵的路

欧阳睿

"嘀嘀嘀……"刚上完课回到办公室，我的手机微信响个不停。

打开一看，教我班英语的张老师发来数条信息。其中一张截图显示的是班上学生小颖发在其朋友圈中的图文——白皙的手背上赫然留着四条沁出血点的刀疤，下方写着："我说过，如果你很讨厌我，那我就以自残让你愧疚。是不是只有我消失了，你才会满意？这只是一点小意思！"这些天，我一直为班上十多名同学在心理健康检测中被检测出患有中度或重度抑郁，不知如何开展工作而闹心。好家伙，恰在这档口给你来一茬，这不是冬瓜淌水——坏透了？

"你很讨厌我"中的"你"是谁？是男生还是女生？为他（她）戕害自己的身体？不会是我吧？从教十余载，我可从未讨厌过哪个学生啊……

一连串的问题搅得自己毫无头绪，但我明白此事不能小觑，得马上处理，以防生出大事端。

"欧阳老师，您找我？"小颖拉扯衣角，眉头紧锁。

"嗯。"我微笑点头，示意她坐下。

"欧阳老师，我站着就行。"小颖有些拘谨。

"小颖，请你帮个忙，可以吗？"我柔声说道。

"帮忙？我能做什么？"小颖眼里闪过一丝光亮。

"是这样的，明天班会课的主题为'分享与成长'，我打算邀请你们三个去省城参加了全国中学英语素养大赛湖南赛区决赛的同学及其他单科成绩优异的同学分享心得体会。"我解释着。

"老师，我——我可以吗？"小颖的声音有一点颤抖。听得出，她乐意上台讲述参赛的事，但又担心自己说不好。

"那当然。去年年级元旦汇演，你的独唱就得到了师生的一致好评嘛！"我鼓励她。

"呃。"小颖不好意思地笑笑。

"现在，先给老师说说你的心得体会，咋样？"我盯着她的眼睛。

"好吧。"小颖长吁一口气，像是鼓足勇气。

"我们大概是上午8点20出发，下午3点到了长沙。在旅馆安顿好后，我们就前往比赛场地了解一些情况。在那边待了一个多小时。到了饭点，邬虹霞同学的表姐从雨花区赶来，请我们吃大餐。我吃到了我最喜欢吃的皮皮虾。"小颖说到此，大有意犹未尽之意。

"这是你在没有大人陪伴的情况下，第一次到过的最远的地方？"我忙问。

"是的。"小颖开始有点小激动。

"这次长沙之行，肯定有很多新鲜事情，收获挺大吧？"我趁热打铁。

"老师，我跟你说，其实我很早就想去大城市看看。这次，我说服我爸妈，终于实现了自己的梦想！"嘻嘻，小颖控制不住，笑出了声，"比赛，让我见识了什么叫作'强中自有强中手，一山更比一山高'。虽然自我感觉不太好，但能和那些高手同台竞技，对自己的能力提升一定会有帮助，老师您说对吗？"

"对，老师鼓励你们多参赛，就有这层考虑。"我朝她竖起大拇指。

"老师，最让我开心的是，比赛结束的那天下午，我们去中南大学游玩。一走进大门，就被恢弘大气的文化广场震撼住了。后来，我们沿着绿树成荫的校园大道整整走了一个半小时，腿都走细了，一打听才知道只游了人家校园的一半。我的天呀！大学忒大了，而且风景也忒美，我真想在那儿读书。"小颖扑闪着炯炯有神的大眼睛，无比向往。我的脑中闪过那张手背沁血的照片，眼前的小颖和朋友圈中自残的小颖完全判若两人。

"真的呀？老师这几年都在湖南师范大学参加高考阅卷，还没逛过中南大学。现听你这么一说，若再去改卷，我一定去瞧瞧。"我也微笑着露出一脸向往的神色。

"嗯，老师，要我说，我特别喜欢图书馆旁'怡阁亭'那儿的风景。湖水清澈，天鹅戏水，野鸭成群，小亭别致，荷花清香，树木葱郁，绿草成茵……"小颖手舞足蹈，越说越高兴。我侧着耳朵，静静倾听。

"小颖呀，你的歌唱得好，词也用得不错！"我夸奖道。这时，她左手手背上那几道还留有血丝的刀痕暴露在我眼前。

"咦，小颖你碰撞上了什么，手上刮出这么几条印痕？一定很痛吧？"我瞅准时机，有点夸张地捂着自己的手，倒吸一口冷气，关切地问。

"哦，我用刀划的。"小颖轻描淡写。

"小颖，你别吓我，老师血压高。"我一脸惊恐，故作严肃。

哈哈哈哈哈哈……小颖竟自顾自地大笑起来，之前眉宇间的阴云早已散尽。

"老师，我说的千真万确。我自己用小刀划的。"小颖眨着眼睛。看着我吃惊的表情，她抿着嘴又笑了起来。

"你能给我说说是怎么一回事吗？"我盯住她的眼睛笑着试探。

"Yes, sir!"这家伙，突地站立，行了个军礼。

"Please."我松了口气，做了一个"请"的动作。小颖"噗嗤"一声，笑了。

"我就是气不过我朋友，太不够意思。平时，我待她那么好，可她却那样待我。我想不通！"小颖愤愤不平地说。

"我陪她打扫教室，饭后我陪她散步，周末我陪她上街买东西。老师，你说作为朋友，我做得可以吧？"小颖满眼真诚地问我。

"看得出你把她当成很要好的朋友。"我肯定道。

"那是的哩，还有我经常买零食给她吃，还送了小礼物给她。可她却从未请我吃过东西，我觉得她挺小气的。"小颖说得很认真。我微笑不语。

"现在，她对我不冷不热。昨天，下课后，我叫她一起去食堂吃饭，她很不耐烦地冲我吼：'你就知道吃，别来烦我，我还要写作业。'我回怼：'好心叫你去吃饭，竟说我烦你，太不够朋友了。'她撂下一句'谁把你当朋友了'，径自走开了。"小颖耸耸肩，"真是一语点醒梦中人啊，她居然说'谁把你当朋友了'。原本我以为，我如此真心实意对待人家，别人能感受到。可到头来，自己在人家心里，根本排不上号。"小颖满脸失望的表情。

"这的确让人不好受，那她知道这事吗？"我指着小颖的手，心疼地问。

"肯定不知道呀！"她满脸委屈的表情瞬间僵住了，愣了几秒钟，她突然一拍自个的小脑袋惊叫起来，"哎呀……她都不知道呀，瞧瞧我都干了什么呀！我太傻了，竟然为了她伤害自己，太不值当了。"小颖此刻懊悔不已。

"今天，我明白了什么是真正的朋友，明白了今后交什么样的朋友，怎样去交朋友。老师，您放心，我再也不会做这样的蠢事。"小颖捋起袖子，坚定地说。

"小颖啊，凡事都得三思后行，解决问题有很多办法，不要钻牛角尖，生命很宝贵，伤害自己更不可取。"我语重心长地告诉小颖。

"我明白了，老师，非常感谢您的教育。完全没事啦，我走了！"小颖笑嘻嘻地走出办公室。

"记得去打破伤风针！"我微笑着叮嘱。

看着她远去的背影，我的内心翻滚不息。在教育中，解决一些问题，办法很多。只是作为教育者，我们喜欢自导自演，总希望通过自己的知识、阅历及创建情境去打动感化学生，其实有时做一个忠实的听众就行了。

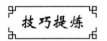

请学生"帮忙"

教育，在很大程度上是一门沟通的艺术。在处理学生问题时，请学生"帮忙"，就是一种巧妙的沟通，就是一种沟通的艺术。

在教育学生时，教师习惯站在道德、知识、礼仪及生活阅历的高地上，板着一副面孔说教，或苛责、批评学生。表面上，学生在一番"洗心洗脑"的轰炸下，面呈毕恭毕敬、彻底幡悟状，可实际结果却事与愿违。因此，教师应适时放低身段，蹲下身子，让学生来"帮忙"，托起学生的自尊与能力，再伺机予以点拨开化。

小颖在与人相处中，遭遇困惑，引发自残。在得知此事时，担心、焦急、困惑一直萦绕于心，但我并没有直接询问此事，更没有说教和苛责，而是宕开一笔，以一句"请你帮个忙"，来取得她的信任，来体现她的价值感，来走进学生心里，让学生自己打开心门，毫无保留地道出实情，彻底宣泄内心的苦闷，化解郁结。

请学生"帮忙"，既让学生找到了存在感，获得了价值认同感，又水到渠成地让学生自己敞开了心扉，教师只需适时点拨，心灵的阴霾就瞬间被驱散。

等一等，后进生也能有春天

刘　苏

"快点啊，老师就要来了！"

"你把手再伸长一点啊！"

"挑起来，往上提呀！"

上课铃响了，教室里还传来一阵哄闹。我面带愠色地走进教室，看见一位同学正趴在窗台，将半个身子伸出窗外，手中还拿着一把长扫把，不停地挥舞，好像在扑打什么。旁边还围着好几位同学指指点点，七嘴八舌的。

太危险了！我的心一下子提到了嗓子眼。眼前的这一幕，也让我隐隐的怒火"腾"地烧得更盛——学校三令五申，要增强防范意识，千万不能往有小台面的窗户探身；我在班上也是千叮咛万嘱咐，要注意安全，要小心谨慎，绝对不能做有危险的事情。但理智告诉我，这时候绝不能够爆发出来，如果大声呵斥，后果可能会无法想象。

这孩子怎么就这么不让人省心呢？他是谁呀？

我定睛一看——小青！果然是他！

小青同学是上学期转学过来的，他还没有进教室门，认识他的老师便给了我善意的提醒："刘老师，小青可是出了名的，你接下来得多费心思啦！"果然，无论是生活习性，还是学习纪律，小青都着实让人十分头疼。"刘老师，小青故意把黑色墨水甩到我衣服上了。""刘老师，下课小青无缘无故来打我们。""刘老师，小青把我的书包丢到地上，不但不帮我捡起来，还用脚去踩！"……告状的同学络绎不绝。

如何转变他，如何教育他？这一直是萦绕着我心头的一大难题。起初我跟他苦口婆心地讲道理，动之以情，晓之以理，希望能让他有所改变。可是，他曾与多位老师"斗智斗勇"过，而且"旷日持久"，早就熟稔老师们的手段，一般的说教就是"家常便饭"而已。什么"情"啊，"理"啊，他都不放在眼里，真是"老麻雀不怕火药枪"。告状的同学依旧不停歇，让我这个一直崇尚"用爱心、细心、耐心感化学生"的老师，从心底感到了一种怀疑和无奈……

看着半个身子还没来得及转回来的小青，我竭力地按捺住心中的怒火。冷静！冷静！还是想想该怎样解决这件事情吧。继续跟他苦口婆心地讲道理吗？我飞速地思索着。这时，学习委员小馨似乎察觉到了我的心理，站起来说："刘老师，小青是在帮小玥捡试卷。刚刚一阵风吹过来，小玥一不留神，试卷就被吹出了窗外，大家在想办法怎么把试卷捡回来，所以……"哦！原来，小青的这个危险举动是为了帮助同学捡回试卷啊！小馨的解释就像一股清泉，淌进了我的心田，刚才的怒气瞬间烟消云散。

好庆幸！我迟疑了几秒。

好庆幸！小馨及时告诉我事情的缘由。

"哦，小青，原来你是在帮助同学呀。不错！不错！一把扫把很难把试卷挑起来，我们再拿一把扫把，就像用筷子一样把试卷夹起来。"我面含赞赏的微笑，温和地对小青说。

可能是太久太久没有收到过这样的"礼遇"，小青一下子愣住了，两眼呆呆地望着我。"来，老师也来试试看。"我接着说。还没缓过神来的小青还是很机灵地跑去劳动工具室又拿来一把扫把，轻轻地递给了我。很快，我就把窗外小窗台上的试卷夹了起来，小心翼翼地一点点往里缩。"看我的！看我的！"小青敏捷地伸长手，一把抓住试卷，兴高采烈地还给了小玥。腼腆的小玥轻声说了句："谢谢！"小青的眼中闪现出我从未见到过的光彩。

"小青同学值得表扬，他能主动帮助遇到困难的同学，这一份热心就像一颗闪闪发光的金子，但……"我话音未落，教室里爆发出一阵掌声，小青羞涩地低下了脑袋，小手拨弄着衣上的扣子。"但做好事的前提是一定要确保自己的安全，你们的安全是老师最记挂的事，不要让老师担心才好！"我微笑地看着小青，他连连点头。

心理学家威廉·詹姆斯指出："渴望得到赏识是人最基本的天性。"平素被冠以"调皮捣蛋"之名的孩子，他们最不缺的是批评和讲道理，而最需要的是一个微笑，一次肯定，一阵掌声，一份赏识。

在那以后，虽然小青的成绩并没有明显的提升，但课堂上的他不会再故意捣蛋。课间来告状的同学越来越少，同学们对他评价也越来越好了。

之后的一天，班上的小周同学身体不适，突然在教室呕吐。一时间，教室里弥漫着一股酸臭味，不少同学皱着眉头，掩住鼻子，偏开头。此时，小青同学二话不说，一个健步冲向劳动工具房，拿出扫把、撮斗，准备清扫。班长见此情景，也拿着拖把加入了进来，热心的小峻也来帮忙……

我沉思了，曾经那个最让老师头疼的小青，现在成为了如此热心的孩子，谁说他还是后进生呢？抓住这个契机，我在班上隆重地表扬了小青："小青同学离小周的座位很远，他非但没有一丝嫌弃，还最热心地冲过去清扫呕吐物，我为热心帮助同学、不怕脏、不怕累的小青感到骄傲！"同学们不约而同地鼓起掌来，在热烈而真挚的掌声中，小青眼睛里噙着泪花，脸上却绽出了纯真的笑容。我知道他的心中有一粒种子正在生根，正在萌芽，正在向阳生长。

渐渐地，小青言行有礼了；渐渐地，小青尊重老师了；渐渐地，小青能完成大部分作业了；渐渐地，小青和同学们一起游戏、一起笑了……

"花开虽晚莫嗟迟"，小青的春天来了！

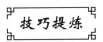

迟疑的冷处理

对于后进生，严厉地指责，苦口婆心地说教，往往收效甚微，甚至适得其反，因为我们其实并没有完全走进他们的内心，并不懂他们心中最渴望的是什么。就像文中的小青同学，无论是生活习性，还是学习纪律，都让人十分头疼，如果当时的我没有了解事件的原因，便对他横加批评，就可能会错失一次教育契机。

"苔花如米小，也学牡丹开。"苔那么渺小，生在阳光不能照到的地方，可它一样拥有生命，拥有梦想，到了春天，它也会努力地绽放。我们要相信后进生也有春天，只是他们的花期有些延迟罢了。所以，面对后进生的某些行为，不妨迟疑片刻，不妨耐心地等一等，索其源，了其因，待真相水落石出，或许，你就会看见一个与平时不一样的他。再以此为契机，就可能唤醒属于他的春天，绽放属于他的色彩。

找寻一把开启城堡的钥匙

李亚平

班上开展"我的家庭"主题演说的时候，同学们对这个活动非常感兴趣，积极性很高，纷纷上台讲述家人的趣事，分享家庭的幸福。看着这些可爱的孩子，我得意地点着头，脸上不禁露出欣慰的笑容。

"咦"，教室的角落里有个身影一直低着头，摆弄着手中的笔，谁啊？事不关己的样子，与活跃的课堂气氛极不和谐。

我定睛一看，是小海——刚从外校转入我班的插班生。

"他在干什么呢？又出什么状况了？"我悄悄朝小海走去，想要一探究竟。

只见他手里握着一支笔，眼睛盯着桌上的纸，紧抿着小嘴，一脸忧伤地画着图画。从美术角度来看，画得并不怎么好，图中的人物甚至可以说不太像正常的人，结构比例很不协调，但是他画得极其认真，我已经走到了他的跟前，他似乎都没有发觉，又或许是根本不想理我，把头埋得更深了，一声不吭。

"这孩子怎么啦？他是有什么心事吧。"我向他靠了靠，俯下身，轻轻拍了拍他的肩膀，抚摸着他的头发，贴近他的耳朵低声说："嗯，你画得还不错呀！先画到这，下课后再继续完成，现在听听同学们的演说，好吗？如果自己有什么想要表达的，也可以上台去说说啊。"他仿佛没有听见我说的话，仍是低着头，默不作声。

课后，我让小海拿上他没画完的画跟我一同进了办公室，我想听听他的解释。

"小海，你今天是怎么啦？现在办公室里就我们俩，能跟老师说说吗？"我小心翼翼地问他。可是，小海依然耷拉着头，一声不吭，只盯着他的画。

这个时候，办公室里只听见师生二人的呼吸声、心跳声……出奇的静，一种莫名的尴尬蔓延于整个空间，沉闷的气氛仿佛要将我俩团团包围。

我斜着身子坐着，眼睛不时看看小海的反应，想找个台阶收场。此时，我正好看到办公桌上有两张打印纸，便不由自主地握笔在纸上游动起来，漫无目的地画着，一边缓解窘境，一边等待他的回应。良久，他依然沉默着，仿佛神游物外。我只好继续信手在白纸上涂鸦，不再说话，也不再频频看他。不知不觉间，纸上出现了一个人像。

"老师，你画的是谁啊？是你的父母吗？"突然，小海有点胆怯的声音打破了沉寂。

"你说呢？"我很意外，却装作心不在焉地回答。

"老师，对不起！刚才上课时，我想起了我的父母。可惜，我再也看不到他们了……他们……"泪水瞬间在他眼眶里喷涌而出。

我心头一震，"唰"地端坐起来，关切地说："怎么啦？你慢慢跟我讲讲好吗？"

小海忍不住抽噎起来，用断断续续的低沉的声音，费了好长时间才告诉我，他还没画完的画，画的是父母牵着孩子的手逛公园的情景，那是他的美好记忆。小海的父母在半年前因车祸去世，他现在跟着自己的姑姑生活。姑姑家境不好，每天除了忙碌工作、挣钱养家外，还有一个正在读一年级的儿子要照顾，非常辛苦，根本没有时间给予他什么关爱。每当想起与父母生活的情景，他就经常暗自流泪。这或许正是他性格孤僻，缺乏自信，作业与成绩都很糟糕的原因吧。

"心里有苦就大声哭出来吧，哭完我们继续画画，把你的美好记忆全画出来。"我真的不知道该如何才能好好安慰眼前的这个可怜孩子，但此时，也许陪他一起画画就是最好的一种方式。说完，我轻轻拍了拍他的脑袋，就不再说什么了。

"老师，我很想我的爸爸妈妈……"他停止了哭泣，怯生生又满怀期待地看着我。我心疼地看着他，摸着他的头："老师理解，你是一个好孩子，我相信，你的爸爸妈妈在天堂知道你这样懂事，看着你长大了，坚强了，一定会很高兴，很欣慰，我们一起加油，做优秀的孩子，不让爸爸妈妈失望好吗？"

他抹了抹眼睛，用力地点点头，过了一会儿说："老师，我还有希望吗？"

"你一定是最棒的！老师相信你，有困难我会帮助你，我们都会帮助你，不要怕。"

我们微笑着继续交流，小海心扉渐渐打开，跟我讲了很多关于他和他家的事情，时而脸上洋溢着幸福的微笑，时而泣不成声。

了解了具体情况后，我又及时联系了小海的姑姑，告诉她要关注一下小海的情绪，有空多和小海聊聊天。

从那以后，每堂课上，我都会特意留一两个简单的问题让小海回答。当他答对时，我会和同学们一起为他鼓掌，对他说："Very good!"渐渐地，小海获得了学习的自信，也感受到了班级的温暖，逐渐融入了集体，适应了新的学习环境，喜欢上了学习，不但成绩有了明显的进步，人也开朗不少。

技巧提炼

为自己找一个台阶

文中的小海同学，在积极良好的课堂氛围里，却沉默、冷漠，其实是在回忆过去美好的生活，也是在对心灵的创伤进行抚慰，他的心里有幸福甜蜜，更有痛苦挣扎。小小年纪的他在经承受着怎样的人间大悲啊！他把记忆上了锁，把自己封存在对过往万分眷恋的城堡里，不愿走出来。

我要感谢我当时的冷静，为自己找了一个台阶——信手涂鸦。这台阶，本是我缓解窘境、打破僵局的台阶，无意中竟成了我通向小海内心的台阶，也成了小海倾诉内心的台阶。正因为我信手涂抹的画触动了小海记忆的阀门，我说的话恰恰开启了小海对父母日思梦想的情感的锁，他打开了悲伤的城堡，向我走来，敞开心扉；而我，拾级而上，携一线阳光，给孩子温暖的拥抱。

教育之路，有多少不为我们所知的隐秘的伤痛，有多少孩子在默默地承受，而我们，在这条路上，需要不断地寻找开启心扉的契机，搭建泅渡伤痛的台阶。

轻盈几言语，浓抹一生人

欧阳睿

"同学们，前面我们就《劝学》一文对所有应掌握的文言知识进行了系统梳理。请问大家对这个板块的内容还有什么问题吗？"我走到学生中间问道。

教室里一片安静。往常的课堂大家都很活跃，回答问题也是争前恐后。今天到底是咋啦？我边巡视，边飞速思考。

"既然大家都不吭声，那老师就认为同学们全理解消化了哦！"我故意将"哦"字拖长。

此时，坐在最前排的小武"噌"地站了起来，脱口说道："老师，教室前门坏了。"问的是学习上的问题，答的却是风马牛不相及，我正要制止。

"老师，电话机也坏了。"小龙有点气呼呼。

奇了怪了，竟接踵而至？我很纳闷地将所有同学扫视一遍，感觉得出应该是有人故意搞破坏。

"有人一脚把门踢坏了，还砸了电话机。"就在我想要探个究竟时，有人在下面小声嘀咕着。此刻，通过眼角的余光，我觉察到平时喜欢顶嘴的小强露出极不自然的表情。

"多大的事呀，看把你们个个紧张成啥样了！门和电话机，有学习重要吗？我们继续上课。"我没有再看小强，望向同学们，爽朗地笑着说。

下课后，我走出教室，几个同学悄悄跟上来告诉我是谁的"杰作"。果不其然，就是小强。通知家长来校配合教育？还是将其劈头盖脸训斥一顿，再要求他向全体同学做检讨，赔偿损失？思来想去，我决定缓缓，先观察其反应。

一个上午过去了，小强没找我。这孩子可真沉得住气，损坏了公物，还能做到若无其事。让他自觉承认错误，只怕是一厢情愿，我得主动"出击"了。

轻轻推开后门，我径直朝小强的座位走去。忽然，"砰"的一声脆响，只见小丽桌上的一件瓷器被我的手臂碰到地上，碎了一地。同学们纷纷侧过头，几十双眼睛全盯着我。我故意轻描淡写："哪位同学值日？去外面拿扫帚和撮斗把这儿打扫干净。小强，你跟我来办公室，我找你有点事。"

"小强，据同学反映，教……"我正准备单刀直入，"咚咚咚"，门外传来一阵急促的敲门声。

"进来。"我有点不耐烦。

"老师，小丽哭了！"小芳推开门，焦急地嚷道。

"又咋啦？"我有点搞不明白，高中生了，还动不动哭鼻子。

"老师，您刚才打碎的雕塑瓷是小丽的。听她说，这是她最喜欢的动物牛形的，是她闺蜜去年在江西旅游时，特地买下做生日礼物送给她的。小丽平时都舍不得我们触摸一下。这下被您毁了，她能不伤心吗？"小芳丝毫不留情面，我明显感到自己的脸一阵火辣。怎样才能一箭双雕，既能安慰小丽，又能处理好小强故意损坏公物的行为，起到教育个人、警示一片的作用？我快速思考着。看着一旁有点坐立不安的小强和一脸期待的小芳，灵光一闪，有了主意。

"小芳，你先替我去安抚小丽。我和小强谈点事，待会儿就去教室。"我支走了小芳。

"小强，教室里那一幕你看到了，方才小芳说的话，你也听到了。你给老师出个妙招，怎么样？"

"老师，您太高看我了。我能有什么辙，还妙招？"

"假如今天是你打碎了雕塑瓷，你打算怎么做？"

"赔呗！"小强不假思索地答道。

"道个歉就行了吧。"我笑着说。

"那怎么行哩？"小强使劲摆手。

"怎么就不行？"我追问。

"老师，不是我说您，损毁他人东西得赔偿的道理，您会不知道？再者，作为一名光荣的人民教师，您得给学生立榜样，做表率，您说是这个理吧？"小强一本正经地对我说道。

"可问题是，我不是故意的呀。过道那么窄，指不定哪天谁又碰掉谁的啥东西。"我极力辩解。

"反正我就认这个理：弄坏了人家的东西，就必须赔偿损失，甭管有意无意。老师，您平时不也是这样教育我们的？"小强继续说，"老师，您不会是心疼几个钱吧？"

"瞧你说的，老师是那种人吗？"我噗嗤一声笑了。小强也嘿嘿笑着，一脸得意。

"既然你这样说，老师定当赔偿，并向小丽道歉。"

"这就对了，老师，您真棒！"小强朝我竖起大拇指。

"嗯，现在老师还有个问题感到困惑：到底是谁看咱班的门和电话机不顺眼，又踢又砸的？"我突然话题一转。

"呃……老师，对不起！是我干的。"小强红着脸不好意思地坦白，"今早，因本次月考成绩下降不少，我妈不容我解释，说了我几句。我心情特别糟糕，第一节课迟到了1分钟，又被班干部记名了，我一时没能控制住情绪，所以就……"小强说着，低下了头。

"那你也不该故意损毁公共财产呀！"我把"故意"二字说得很重。

"老师，经过先前的一番交谈，我知道错了。不管自己遭遇了什么，决不能拿公物来发泄。这是违法行为。"

"小强，你很聪明，一点就通。不过，老师要提醒你，一个人不可能永远处在好情绪之中，生活中既然有挫折、有烦恼，就会有消极的情绪。一个心理成熟的人，不是没有消极情绪的人，而是善于调节和控制自己情绪的人。只有学会做情绪的主人，才能做生活的主角，才能有掌控命运的能力。这样的人，又怎会跟无生命的东西去置气呢？"我和蔼地说。

"老师，学生谨遵教诲。"

后来，有同学跑过来告诉我，小强当着全班同学的面作出了深刻检讨后，还慷慨激昂地劝诫大家：一个人不可能永远处在好情绪之中，生活中既然有挫折、有烦恼，就会有消极的情绪……

再后来，他找来师傅修好了门，掏钱买了一部新电话机。我亦对小丽作了赔偿。

公然损毁公物，孰可忍？痛斥一番，虽解恨，但无法解除问题的根源。唯有查找问题实质，自悟自省，涤荡心灵，才会让教育在学生心里发芽开花。

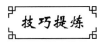

给学生立榜样

车尔尼雪夫斯基曾说："教师要把学生造成一种什么样的人，自己就该当这种人。"在教育工作中，要求学生做到的，自己首先做到。"喊破嗓子不如做出样子"，孔子曰："其身正，不令则行；其身不正，虽令不从。"以身作则，往往能收到"无声胜有声"的成效。

挨父母或老师批评后，学生的情绪容易波动，顶撞、翘课、逃学等成了他们排遣不满的常规"操作"。而拿公家财物泄愤，倒是不多见。小强在众目睽睽下，踹门砸机，有受父母气的成分，也有借撒泼来对抗约束的因素。将其责骂一通，责令赔偿，事情貌似可以得到解决，可学生不一定能真正认识到错误，以后难免会重犯或出现其他偏激的行为。自然，也无法让其他同学从中受到教育。

如果老师借用突发事件，以身说法，给学生树立榜样，巧妙引导，让学生自己察觉出问题的症结、危害，并主动寻找化解问题的办法，就能四两拨千斤，从根源上解决问题，使其内化于心，外化于行。而其他同学在真实案例中，也会沐浴一场生动特别的深刻教育。轻盈几言语，浓抹一生人。身教最贵，知行不可分。做好表率，方可真正实现"一棵树摇动另一棵树，一朵云推动另一朵云，一个灵魂唤醒另一个灵魂"的教育目的。

孩子，让我握住你的手！

蒋会太

那天，天气并不好，乌云低垂，如同校长办公室里的气氛，闷热阴沉。"这个孩子转入你们班吧，孩子……"办公室里校长挠挠头，面露难色地指着角落里的小胖墩说道。此刻，孩子背对着我，头微微地向内偏仰着，刺头似的短发倔强地向上挺立，似乎也在暗示着主人的桀骜不驯。

我走到跟前一看，这不是隔壁班赫赫有名的"战神"吗！心里顿时一激灵。我想起了这段时间他那广为流传的"丰功伟绩"，一阵头痛。这孩子脾气乖张是出了名的，一言不合就会动手，就连他们班的数学老师也被他用板凳砸了，伤处至今还是青紫一片。估计如今全班都被他打怕了，难怪要转班。

我本想拒绝，但看着这个只有 11 岁的孩子，看着校长殷切的目光，到嘴边的话最终变成了一句轻轻的"好，我试试看吧"。

通往年级办公室的走廊很长，廊外是阴沉欲雨的天空，廊内是沉默无语的我，还有依然沉默着的孩子。进了办公室后，沉默的孩子更显拘谨，一直在极力低头躲闪周围老师的目光。我把他拉到身前，俯下身子，伸出了右手。孩子看着突然出现的大手，一激灵，猛地往后退了一步，似在戒备着什么，随后他茫然地抬起头，眨巴着眼睛，似在询问。

我轻笑一声，温和地说："你好，我姓蒋，以后就是你的班主任了，初次见面，我们来握个手，互相介绍一下吧！"

小胖墩看着我的眼睛，一双手在裤腿上摩挲了一下，又背向了身后。不过随后他低低地吐出了一个名字：庭。

"哦，原来你叫庭啊！那你平时有什么爱好呢？"我笑道。

"我喜欢踢足球！"孩子突然打起了精神。

"那你是一个人踢足球吗？"我故意问。

"不是，怎么可能呢？要有队友的啊！"孩子急忙回应，一脸疑惑，似乎在想老师怎么这么笨。

"你这么喜欢足球，那你的队友一定跟你关系很好啰？"

"那是，球场上的交情，都是兄弟！"孩子得意地甩了甩头，一脸小大人的神情。

"把球踢好可不容易，你这么喜欢，看样子一定很厉害。今天你转到我们班来，我只有一个小小的请求，不知道你能不能办到。"

"你说！"或许是提到了孩子感兴趣的话题，又或许是一句夸奖令他开心，他变得好说话了。

"你说球场上的队友是兄弟，我希望你以后也能把我们班的同学当作兄弟姐妹，跟他们友好相处。如果有摩擦，你就来告诉我，我的办公室就在这，我们一起商量对策，和平解决……你看，我们聊了这么久，也算熟人了，你相信我，我一定能帮到你的！好吗？"我耐心地注视着他的眼睛，主动伸出手握住他抓着裤管的左手，随后我听到一声轻轻的"好"，很软，跟他的手一样……

离开年级办公室，我带着他穿过长长的走廊，走向教室。尽管庭答应了我的请求，可是对于未来我依旧忐忑，毕竟改变个性是一个长期的过程。

果然，不到半个月，他的老毛病又犯了，周围的同学一个个找我告状哭诉。于是当天我就决定利用班会课，结合抗战题材的影视片段给孩子们组织一场"在班上找敌人"的游戏。游戏规则一公布，教室里炸开了锅，闹腾起来，大家议论纷纷，高声叫嚷道："老师，班上怎么可能会有敌人呢？"

我微微一笑，示意大家少安勿躁，让班长轩先来找一找。班长一脸迷茫，环视一周，大声说着："没有。"接着我把目光瞄准了角落里的庭，此刻的他正静静地低着头，在草稿纸上专注地涂画着，仿佛周围的一切与他毫无关系。我走到他的身边，示意他来找敌人，目光真诚而期待。他似乎有点不好意思，放下涂鸦的笔，朝四周看了看，然后轻轻摇了摇头。我要他再找找，他站起来，目光扫过每个人的脸庞，一一审视过去，头摇得像拨浪鼓似的。我鼓励他把结果大声说出来。"没有。"声音虽不大响亮，但是语气却那么肯定。

"同学们，刚才让大家找敌人，都说没有。如果对待坏人、敌人，我们用……"我提高了声音，目光扫视全场。

"拳头！""刀！""枪！"大家争先恐后地回答道。

"那对待朋友呢？能不能用拳头、刀、枪？"我继续引导。

"不能！"大家的声音异常坚定。

"庭，你说呢？"我把目光转向了庭。

"不能。"庭声音清晰，若有所思。

下课后，我坐在办公室改着作业，不时看看门口。果然，敲门声轻轻响起，一个身影站在门前，我推了推眼镜，定睛一看，原来真的是我们班的庭。我舒心地笑了笑，憋在心里的一口气终于松懈了下来。我放下手中的笔，满脸微笑地看着庭，眼睛里满是期待。

庭站在办公室门口，低头不语，两只手不停地卷着衣角，眼睛时不时往我这边瞥一眼，似乎在进行着一场心里的"决斗"。我继续等待着，窗外叽叽喳喳的鸟叫此起彼伏。一句细细的声音传过来："老师，我错了，我不该……又……"他抬起头看着我，没有继续往下说，脸上写满了愧疚。这一刻，我等了很久了。

"什么？我没有听清楚。你能走过来说吗？"我为了让庭记下这句话，故意又让他重复一次。

"老师，我真的错了，我不该又打同学。"他的声音大了一些。

"为什么不该？"我故作疑惑。

"因为同学是朋友，不是敌人。而且，他们都把我当朋友，我打了人，他们也没把我当敌人……"说着说着他的脸越来越红，"我以后一定再也不打人了，请您相信我，说话算话，我们拉钩！"我急忙伸出手拉钩，只见他小眼睛转了转，伸出稚嫩的小手说道："老师，我们还是改为握手吧！"我怔了一下，马上紧紧地握住这双"小手"。

……

天高云淡，和风送爽，又是一年校级运动会。绿茵场上一场足球比赛正在激烈地进行。"进球了！我们班赢了！"随着一声声欢呼，身着红色球衣的孩子不约而同地奔向了身着 7 号球衣的庭，兴奋地与之拥抱，热烈庆贺。望着此刻阳光下那一张熠熠生辉的笑脸，我很庆幸见面的第一天，我主动握住了他的手。

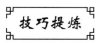

主动与孩子握个手

生活中，握手或许仅仅是一种礼仪。但是教育路上，握手传递的可以是慰藉、信任、承诺、温暖……对于孩子，老师若能主动与他握个手，心与心的距离就会越来越近。

初次见面，面对转班过来的学生，老师消除陈见，态度温和，在轻松的氛围中主动与孩子握手，看似平常之举，却能让刚刚进入陌生环境的孩子感受到老师的信任和温暖，消除他的戒备与敌意，在师生之间搭建起信任和沟通的桥梁。面对孩子的再次犯错，我没有声色俱厉地呵斥，而是再次主动伸出温暖的手拉孩子一把，以游戏的形式，温和地引导，让他感受到同学的友好，进而收起一身尖利的小刺，改正错误。

尽管教育是一个长期的反复的过程，每一次反复都可能会令人沮丧，但是，请不要放弃，请依然主动地伸出你温暖的手，当老师的主动终于换来孩子的主动时，你会觉得一切都值得。

一直都在

唐晓荣

冬日的清晨，窗外寒风卖力地呼喊着，似乎要把趴在桌上的女生叫醒，我知道她其实没睡，只是习惯性地埋着头。很久没在课堂上看到她扬起笑脸了，也很久没听到她坚定有力的声音了，真怀念她之前神采飞扬的模样啊，我心里不禁感慨。想到离高考只剩下不到六个月的时间了，我心里又不由得一紧，望向她的目光蒙上了一层忧虑。

下课铃响，窗外的寒风依旧在呼号，丝毫没有停下来的迹象。她依然趴在桌上，我轻轻走到她桌前，拍了拍她的头，问她这次联考感觉怎样。她听到询问，只是默默地摇了摇头，半响，才讷讷地回了一句"还好"。

看到她恹恹的样子，我在心里又重重地叹了一口气。扫了一眼她的答题卡，11 道选择题错了 4 道，主观题得分也不如预期，总分又回到了之前不上不下的水平，我知道这对于骄傲的她来说是一个不小的打击。"第二节课后拿着答题卡来办公室找我，我们一起分析一下错因。"我拍了拍她的肩膀交代道，她点了点头。

走出教室，刺骨的寒风让我打了个寒战。风怎么就一直刮个不停呢？听班主任刘老师说，林同学已经连续几次找她反映旁边的同学读书不认真，影响自己的学习状态，有一次话语里甚至还暗示班级学风不好，为此刘老师还私下里跟我抱怨说现在的孩子怎么出了问题后总是怨天尤人而不从自己身上找原因。她是这样的孩子吗？我在心里打了一个问号。

记得高二上学期，她的总分总能位列班级前十，但语文成绩却稀松平常。那时，她总会在星期一语文课后准时出现在办公室，来找我分析试卷，请教方法，而我从不吝啬对她的鼓励，总会对她说："大胆地相信，你行的！"听完我的话，她的眼睛笑成了一弯新月，末了冲我来一句"我也觉得我能行"，然后乐呵呵地回教室。曾经那样自信的孩子，现在会因为一时的失败，把责任推到他人身上吗？曾经遇到问题就想方设法去解决问题的孩子，会因为暂时的退步而否定自己的能力吗？我现在看到的她是真实的她吗？我揉了揉太阳穴，有点头疼。

回到办公室，搓了搓冰凉的手，享受着空调送来的暖风，心里也渐渐暖了起来。瞥了一眼桌上的虎皮兰，突然发现它好像又抽出了一片嫩叶，浅浅的，在一片深绿的叶片中格外显眼。"真好，哪怕窗外再寒冷，它都没有忘记生长呢！"我安下心来，静静等着与林同学接下来的会面。

"报告！"林同学手里拿着答题卡来到了我的办公桌前，我定定地看着她，她先是沉默，然后迟疑地开了口："老师，怎么啦？"

我笑了笑，说道："好久不见。"她诧异地扬起了眉。"是很久未见了，上课时你总是低着头，下了课你也很少来找我，我想看看你这张脸都很难哪。"我开着玩笑说道。

她不好意思地笑了笑。"对啊，笑一笑。其实你一直都知道我在这里等着你的，是不是？"我忽而认真了起来。也许是受到感染，她蓦地怔住了，然后定定地看着我，慎重地点了点头。

此时无声胜有声，我不再说话，拿过来她的答题卡，认真研读起来，与她一道分析错题的原因。其实她做错题的原因还是跟之前一样，不敢相信自己的判断是正确的，害怕自己的选择是错误的。这已经与能力无关，而与心态有关。一颗焦急彷徨的心又怎会给予自己充分的信任呢？我知道此刻她需要的是有人看见她的焦急彷徨，理解她，安慰她，鼓励她，肯定她！

所以，我再一次定定地看着她，轻轻地问道："这段时间心里一定着急了吧？"她躲闪着眼神，没有说话。"的确，当一个人付出了努力，却没见到预期的结果时，可能会把原因归于环境，会指责他人，也可能会怀疑自己是否选对了方向，用对了方法，甚至怀疑自己的能力是否足够，这些指责和怀疑是人之常情，我们用不着害怕。而且我一直都在呀，我们一起努力，逢山开路，遇水架桥，好吗？"她凝了凝神，静静地听着。

"有怀疑，就坦然接受，但这并不代表你的能力有问题。你看你的作文，语言还是那么有意蕴，开头结尾也形成了自己的风格，你的能力依然还在，是不是？而且我还发现你有新的进步啊，作文的论证思路越来越严谨了，这是一个新的突破啊。你又解决了一个难题，老师要为你点赞。"她的神情终于有了一丝放松，慢慢地坐了下来。"遇到难题时不要害怕，因为我们一直都在呢，还记得尼采说过的那句话吗？对待生命，你——'""不妨大胆一点，因为我们终究会失去它。"她笑着接过了话头。此时，窗外的寒风似乎也变得温柔了。

"上课！""老师好！"一个清脆而熟悉的声音特别响亮，我循声望去，看到了一双笑弯了的眼。

技巧提炼

告诉学生"我在"

在教育过程中，告诉学生"我在"无疑是一种教育机智。

"我在"首先是"我在注视你"，看见你的真实存在。林同学将暂时的失败归因于外界环境、怪罪于旁人，其实她的内心正茫然无措，这时教师不能粗暴地打断她的抱怨，也不能厉声斥责她凡事不从自己身上寻找原因，而只需"注视"她，感受她的害怕，明白她的惶惑，如果她愿意，倾听她想说的话。这种"我一直都"的注视会给她力量，哪怕这力量微弱，但终会汇聚成河。"我在"也是"有我在"，别怕！孩子迷茫时，教师要坚定地与孩子站在一起，给孩子一个宽厚可依的肩膀，一个无所畏惧的眼神，与她一起分析原因，为她提供切实可行的建议，然后退远一点，静立守望，坚信"向前航行，底下是沉静碧蓝的大海，而头顶是金色的太阳"。

一个伤心的理由

唐宜琴

"老师，小敏又在教室里哭了……"班长急匆匆地跑来告诉我，我心急火燎地赶到教室。小敏看到我便又抱着我泣不成声了："我想外婆了……"又看到她婆婆的泪眼，我有些揪心。

"你外婆已经去世了，人死不能复生……"我抱着她，轻声安慰道，可她泣不可抑，情绪愈发不能自已。我记不清这样的情景重复过多少次了。

初三毕业考试临近，大家都在紧张地备考，期盼着在中考中大显身手。晚自习结束，还有很多孩子留在教室里复习，看到孩子们端坐着奋笔疾书的身影，作为班主任，心里为之振奋。

"老师，我读不进去，又想我外婆了……"她悠悠地荡着手臂向我走来，脸蛋红红的，眼里噙满了泪水。

"马上中考了，考上理想的高中，外婆泉下有知，一定会为你感到高兴的。"我尝试走进她的精神世界。

"我也想考好呀，可是我就是看不进去书……"

"让我们静下心来，给自己一个小目标……"我拍了拍她的肩，拉她坐下，想陪她一起拟写目标。

"我做不到……我想我外婆了……"看着她如三岁孩子般肆意发泄，我竟有些惶惑。多次劝勉无果，我就把这事搁置一边，想着在积极进取氛围的感召下，一切都会好起来的。

"老师，烦死了，我们都在复习，小敏一会儿在我们身边来回晃，一会儿又趴在桌子上嚎，全班都被她搞得鸡犬不宁。"

"老师，你知道吗，我们班的小敏有自虐倾向，她经常拿着小刀划手腕……"看着 A 同学一脸惊悚的样子，我的心里凉飕飕的。那几天，几乎天天有人来"告状"。

我认识到小敏的行为并不是单纯的撒娇，简单的"截洪"是不行的，深入的"疏导"工作迫在眉睫。

我先和其他老师交流。"小敏上课心不在焉，经常发呆，眼睛经常游离在窗外，有时还会低下头悄悄抹眼泪……"科任老师的反馈如出一辙。

我又找到她要好的朋友，想进一步深入了解她的相关情况。据小敏朋友透露，小敏的外婆已去世多年，她爸爸在外务工，妈妈在家照顾她，她家里还有一个哥哥，甚是调皮，父母见老大无望，把所有的希望都寄托在她身上。

看来，和家长深入沟通，形成合力，是当务之急。

一天，当夕阳收敛了最后一丝锐气，田野的蛙鸣打破了夜晚的沉寂，忙完一天的工作，我便拨通了小敏妈妈的电话，我们相约在学校操场一角的小花坛旁碰面。

"老师，小敏犯错了吗？"她脸上写满了焦虑。"没有。小敏是个很优秀的孩子，就是想和你聊聊，我们一起努力才能让她变得更好。"……皓月当空，蛙鸣是夏夜里最奢华的合奏。两个多小时的长谈，"合理的目标，可感的爱，及时的鼓励"——这是我俩达成的共识。

扬汤止沸还不够，适当的时候还需来个釜底抽薪。

一天晚自习时，班上一学生又急急忙忙地跑来告诉我，小敏又在班上要性子了。

我来到教室，她又要扑上来，抱着我。这一次，我不紧不慢地走过去，什么也没说，等她哭累了，从嚎啕变成抽搭。

"你不是经常想外婆嘛，走，我们去坟场说给外婆听，让外婆知道你有多孝顺，夜深人静，她老人家听得最清楚了。"我一边说一边拽着她往坟场走。她愣了一下，哭声戛然而止，手不自觉地往外挣，我继续使劲拽。她的眼神变得有些惶恐，我的这一次回应让她始料未及，她退我拉，好不容易拉到校外的一个空地，四周无人，漆黑一片，只听见风的呼啸声，气氛有些诡异。我不由得打了个哆嗦，壮着胆子拽着她继续往坟场的方向走。

夜更黑了，树影绰绰，寂静阴森。

"老师，我错了，我不想外婆了，回去复习吧，求你了。"突然，她跪在地上，开始求饶。

我心中窃笑，但不敢表露出来，继续严肃地说："口说无凭，我们得有见证。"

"我写保证书，找朋友做证人。"第一次见她这么主动。

我知道时机已成熟，于是回到学校操场，松开她的手。

"那，咱们坐下来，好好聊聊。"

"我知道，你是一个有孝心的孩子，爱外婆、爱妈妈，可是爱他们最好的方式是什么，你知道吗？"她没有接话，懵懂地看着我。我趁热打铁："爱他们最好的方式是不让他们操心，你觉得你现在的行为好吗？"她的神色有些凌乱，低下头小声地回答"不好"。

"你觉得你不好好学习，对得起整天为你操劳的妈妈吗？你知道吗，同学的爸爸妈妈为了生计，大多出去打工了，只有过年才能相见，他们放假回家，家里空荡荡的，没有热腾腾的饭菜，没有温暖的问候，甚至连说话的人都没有……"说着说着，我的眼眶湿润了。我们班大多数的孩子爸爸妈妈都在外面打工，孩子们或者寄养在亲戚家，或由年迈的爷爷奶奶带着，有的甚至独自一人。无爱的天空是灰暗的，风雨来了，他们只能蜷缩在角落无助地哭泣，老师的关心是他们天空里唯一的那缕阳光。

"你是我们班最幸福的学生，你家就在镇上，离家近，下课饿了都可以往家里跑。还有妈妈在家里专门照顾你，回去就有热腾腾的饭吃，还有人嘘寒问暖，真好呀！"

她开始小声哭泣："老师，我错了……"

"你已经不是小孩了，该面对的问题必须去面对，弱者逃避问题，强者迎难而上……"

我还没说完，她打断我的话问道："老师，我还有希望吗？同学们还会喜欢我吗？"她疑惑地看着我。

我用坚定的语气说："人无完人，知错能改，善莫大焉。离中考还有20多天，你的基础又不差，梳理知识，重点突破，制定每日目标，认真落实，我保证你能考上理想的高中！"我用坚定的语气劝勉，她眼里的光让我看到了一抹亮丽的绿色。

晚自习下课了，同学们看到我俩，大声地打招呼，她有些尴尬，不自觉地躲在我身后。我叫住了她的两个好朋友，说："小敏想和你们一起努力，你们愿意帮她吗？""当然愿意。"大家相视而笑。她俩上来拉她的手，她有些畏缩，看了看我。"我相信你们通过努力，都能实现自己的理想。加油吧，一年后我们城里见。"看着她们手挽着手，蹦蹦跳跳一起走远的背影，我心里的幸福氤氲开来。

仰望夜空，小敏没有了伤心的理由，定会璀璨如星！

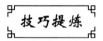

将计就计，适时拆台

学生有时也会"演戏"。成长的路上，他们有迷惘，有困顿，渴望走出"山重水复"的迷途，但无从着手，无法解忧。于是选择了逃避，导演了一部部令人啼笑皆非的"戏"。作为老师，要艺术地拆掉戏台子，引导他们安全地回归真实世界，疏浚迷乱思潮的泉源。

案例中的小敏因为想念外婆而大哭甚至割手腕自虐，究其实质恰恰是对中考压力的一种自我排解。小敏导演了一幕戏而不自知，深陷其境而不可自拔。老师如果只是简单地抚慰劝导，无异于隔靴搔痒，扬汤止沸；直接拆穿，可能会在师生间筑起一道无形的墙，适得其反。何不将计就计，适时拆台？

在小敏的这场悲情戏中，我选择一个漆黑的夜晚，陪她一起去坟场"见外婆"，在一拉一扯，一惊一吓中，以退为进，抓住契机，让小敏的"戏"无法继续上演，巧拆模拟之台，适时让她从悲情中理清思绪，回归现实。

当然在拆台之时更要与家长、同学合力，筑好爱的台阶让孩子安全着陆。拆台之后，还要做好心理疏导工作，为他们搭建一个积极向上的人生舞台，让其有梦可追，有心可依，有情可寄。

与一株蒲公英的邂逅

唐艳丽

一天，两天，三天……

你好几天没有来上学了，座位空荡荡的。是生病了，还是家里出了什么事？……无数个问题在我脑海里闪过。

一年前，我刚接手这个班时，就注意到了你：单薄的身子，紧锁的眉头，忧郁的眼神，躲闪的目光。你不愿意与人多说一句话，总让人感觉缺少一种孩子特有的活泼。你家又没有电话，我决定亲自去你家里瞧瞧。

暮春的阳光把群山涂上了一层金色，一座泥土砌的老屋如一位饱经风霜的老人孤独地矗立在山脚，低矮破旧、衰败不堪。

低头四顾，院子里的一抹金黄映入我的眼帘——一株瘦弱的蒲公英，歪歪扭扭地从碎石砖瓦间挤了出来，倔强地举着几片锯齿状的嫩绿的叶子，叶子中间零星地点缀着些黄灿灿的花，一根根高高的茎秆举起一个个毛茸茸的白色小球。

"谁呀？"一个苍老的声音打断了我的凝视。"吱呀"一声，我轻轻地推开木门，屋内空荡荡的，唯一值钱的就是一台黑白电视机，上面写着"新华捐赠"，满墙密密麻麻的奖状上写满了你曾经的足迹和梦想。循声看去，发现床上半躺着一位满头白发的老人，他用一只手努力撑着，身子一个劲地往床边挪。

"爸爸，谁来了？"你揉着眼睛从旁屋的浓烟里钻出来，身上只穿了一件被烟熏得黑乎乎的衬衣，脸上一团黑一团白。

"老……老师……"你的眼睛里写满了惊愕。

"这……这是你爸？！"

你并没有回答我，径直走过去挽着老人的手，另一只手为老人扫了扫额头上的白发，轻轻地说："爸，我跟老师聊聊，你先休息一下。"

"老师，我不想读书了。"

"能……能给我一个理由吗？"

你紧紧地抿着嘴，再也不肯多说半个字，我们一时陷入了沉默。

"老师，你一定要叫她去读书，我这把老骨头不需要她照顾……"堂屋那边传来老人虚弱的声音，"老师，你过来，我有一件事要跟你说……"

从你爸爸的只言片语中，我才知道他并不是你的亲生父亲，而是你的养父。你在几个月大的时候，被亲生父母抛弃在路旁，是你爸爸把你捡了回来带在身边。他既当妈又当爹，靠着打点零工，省吃俭用把你带大。前几天你爸爸摔伤了，只能卧床休息，你决定用稚嫩的肩膀挑起家庭的苦难。

此刻，我想起了你每天匆匆上学的背影，不曾有一刻的停留；想起了你等其他同学都去食堂之后偷偷地在教室里吃咸菜拌饭的情景；想起了你看同学们嬉戏玩耍时落寞的脸庞；想起了你看见别的同学叫"妈妈"时一脸的羡慕……

瓦缝间漏下来的点点阳光，氤氲着一丝丝的感动，在我的心里划开一道道温柔的涟漪。我没想到在你的内心世界里竟然还藏着那么多的不幸，那么多常人的孩子所无法体会更无法承受的痛苦与无奈，而你一直默默地承受着老天爷给你的这份"青睐"。我双手揽你入怀，在你耳边轻声说道："孩子，老师照顾你，你照顾爸爸，好吗？"你沉默不语，伏在我的肩上嘤嘤啜泣……

每天放学，我会去买好菜，匆匆赶往你家，认真地为你煮一顿喷香可口的饭菜。当炊烟在老屋顶上袅袅升起，家的味道静静地在四周蔓延。"孩子，好吃吗？慢点吃！"看着你狼吞虎咽地吃着饭菜，我轻轻拍打着你的背。你抬起头，望着我，眼里满是泪水，使劲地点点头，我微笑着擦去你眼角的泪水。"孩子，吃吧！"我在心里默默地念叨。

吃完饭，我们打开苏轼的《定风波》，一起大声地朗读，一层又一层地剖析苏轼"突围"的心路历程，一起探讨"一蓑烟雨任平生"折射出的人格魅力。乌台诗案，遭人诬陷，九死一生，孤鸿飘影……

"孩子，苏轼的人生苦吗？"

你若有所思，点了点头。

"但苏轼在黄州完成了一场轰轰烈烈的突围，他在黄州真正成熟了起来，他成熟于一场灾难之后，成熟于穷乡僻壤，成熟于几乎没有人在他身边的时刻……"

说完，我拉着你的手来到院子里，指着风中飘摇的蒲公英说："孩子，你看这株蒲公英，不知是哪一阵风把它丢在了这砖瓦间，它经历了多少苦难：土壤的贫瘠、砖石的挤压、行人的践踏。但它冲破重重阻力，永不言弃，心怀梦想，竭力盛开出人世间的那一抹金黄。活在尘世间的我们，不都是那一株株平凡普通的蒲公英吗？不管命运把我们抛向何处，只要深深扎根于大地，永远不放弃自己飞翔的梦想，就会孕育出生命的精彩！"

我轻轻摘下一个白色的毛球递给你。你迟疑了一下，随即明白我的意思，接过毛球，深深地吸一口气，"噗"的一声，用力把"小伞"吹向远方。那些"小伞"托举起希望的种子，在春天的阳光中飘逸成一个又一个的梦想……

"所以我们都要成为一株真正的蒲公英，既有立足大地的根茎，也有心系远方的飞翔。"你渐渐地露出微笑，目光愈加坚定。

我自作主张写了一封倡议书，悄悄地发起了一场社会募捐；我一遍又一遍走进县政府的大门，想为你申请重建新房；我踩着自行车在周围的工厂与单位间奔波，打听是否有适合你爸爸的工作……

时间不知不觉地过去了，所有的惊喜都在悄悄到来……元旦那天，我走进办公室，赫然看见办公桌上躺着一张叠得很精致的心形贺卡。轻轻地打开贺卡，你工整娟秀的字迹映入我的眼帘：老师，您就是我的好妈妈，谢谢您！

春日的暖阳穿过厚厚的窗帘，洒在贺卡上，熠熠生辉。

恍惚间，我的周围都是蒲公英，白茸茸一片。微风拂过，毛茸茸的白色小球随着风的节奏，飞出了无数的"小伞"，一朵，两朵，三朵，飘向空中，飞向遥远的天际……

构建"教育的磁场"

吴春来老师认为，好的教学是有磁场的。在和谐的教育磁场里，我们可以感受个性飞扬、生命拔节的力量，可以倾听心灵交汇、精神交融的声响，可以赏阅动中有静、生机盎然的景象。(《语文教学技能九讲》)

文中的学生，家庭贫困，身世可怜，缺乏母爱，犹如风中飘摇的一株蒲公英，迷茫无助，不知前路。此刻的她不仅需要老师在生活和学习上的关心照顾，更需要有人再次点亮她内心的那盏灯。我察觉到了学生内心的渴望，为她梳理出了人生的主线，正如飘荡无依的蒲公英，纵使无力确定生命不可预知的归宿，也要在每个有风的日子，起舞飞翔。奋力飞翔才是生命该有的姿态，才是人们毕生追寻的主线！于是，在这个物我同一的教育磁场里，女孩体味着蒲公英的坚强倔强、永怀希望，也审视着自己无法湮灭的梦想，在我的激励下，再次升腾起逐梦的热望。

教育磁场无处不在，它以爱为磁心，用它强大的辐射力，散发出无穷的教育光芒，吸引着漂泊无助的心灵。当学生内心的光芒渐渐黯淡时，当老师真诚的说教变得苍白无力时，当教育"遭遇滑铁卢"时，我们何不构建"教育的磁场"，吸纳天地万物的神祇，将它们转化为教育的智慧、教育的力量？

真情诚可贵，克制价更高

唐晓荣

教室里安静极了，偶尔传来学生们的一声叹息。我强忍住泪水，继续往下展示 PPT 课件。

"陈祥榕牺牲时才 18 岁……"

屏幕上，定格着战士陈祥榕的一张照片。看着照片里他清澈无比的眼神，一阵悲痛袭上心头，我无法继续说下去了，再次仰起头，把泪水逼了回去。

"啊！"台下传来学生的惊呼。

"是的，他才 18 岁，比你们大不了多少，可是年少的他却喊出了'清澈的爱，只为中国'的战斗口号，当时他的班长就问他一个零零后怎么口号如此之大，他回答这就是他心里想的，他也会这么做的。他用自己的生命践行了自己的诺言……"

我的声音更哽咽了，抑制不住地带上了哭腔，当我再度凝望照片时，看着照片里的他正捧着一个剥开的橘子，像个孩子一样开心地笑着，背后的阳光是那么的灿烂，我再也压抑不住自己心里的悲伤，"刷"地流下了眼泪。

我赶紧转身背对学生，不想让他们看到此刻泪流满面的自己。可是轻轻抖动的肩膀还是出卖了我，坐在前排的男同学默默地把纸巾放在了讲台上，我迅速转过身抽出一张纸巾擦了擦泪。

同学们沉默着，安静的教室里，我小心翼翼吸鼻子的声音，弥漫在好似凝固的空气里，清晰地传遍了每个角落，冲击着每个孩子的耳膜。学生们抬头望着我，我勉强定了定神，说道："我每次看到这张照片……"一开口，我的泪水却再次不受控制地流了下来，我狼狈地再度转过身去。

这时，讲台下，一声"噗嗤"的笑声传来，划破了教室里的安静，瞬间让我的感动变成了满满的尴尬。我试图转身去揪出那个"噗嗤"笑我的人，眼泪却更加不听使唤地流得更急了，我抬起手粗鲁地用袖子擦了擦泪，准备开口说些什么，却只是张了张嘴，发不出一点儿声音。就这样，今天的话题讨论在我悲伤的情绪里画下了句号。

下课后，我颓然地走出教室，心里空落落的。今日的阳光倒是灿烂得出奇，我在栏杆前站定，仰头感受阳光的温热。可我的脑海里始终回荡着那噗嗤一笑，这是学生的错吗？怪他们情感匮乏吗？或者怪他们不能感同身受吗？

可是，他们最初听到英雄的故事时，心里明明是有所触动的啊。当我逐个说出英雄的名字，向学生介绍这场于 2020 年 6 月发生在喀喇昆仑高原上的英勇战斗时，当我在讲台上展示戍边英雄团长祁发宝张开双臂与数倍于己的外军进行对峙的图片时，当我说到这些年轻的英雄或遗憾于再也无法见到尚未出世的孩子，或遗憾于无法把心爱的姑娘娶回家，或愧疚于无法孝敬双亲时，学生们的眼神里，分明有担忧和敬佩，眼眶红润。他们走进了那场战斗，走近了这些年轻的生命，他们为英雄的勇敢而感动，为英雄的牺牲而痛心，更为英雄的赤子之心而大受震撼，他们的心灵正在经历一场英雄的洗礼！

可为何在我情感宣泄到顶点时他们反而觉得好笑了呢？我望着窗外明媚的阳光，一点一点越过窗台，又一跃而下，带点嘲弄似的来到我的办公桌上。我知道我从来都是不易落泪的人，但情动于中，此情此景，又怎能不叫人动容？唯有真情动人心，这些发自内心的情感流露按理更能激发学生的共情才是，为什么偏偏在我情不能自已时失效了呢？情感的交流不就应该是你来我往中渐渐变得深刻的吗？此刻万千思绪在我的脑海里打转。

等等……我好像从思绪的飞流里抓住了一点什么。你来我往，对啊，情感交流就是一场你来我往啊。在这场情感交流中，我的确很投入，但是因为我的太过投入是不是就让这场情感的交流变成我的独角戏了呢？如果是独角戏，那学生便从参与者变成了看戏人，所以他们不但没被感动反而发笑，是不是就合情合理了呢？想到这里，我的思路渐渐清晰了起来。如果想让学生真正走近英雄，唤醒学生内心深处对英雄的敬仰，不只我是主角，学生更应该是。

踩着上课铃声，我推开了二班教室的大门，明媚的阳光已经跃上了讲台，一阵春风拂过，捎来了远方清冽的气息。

"你们从这张图片里看到了什么？"

"他正张开双臂，以一己之力对抗敌人……"学生用完全崇敬的语气回答道。

"同学们，你们知道吗，英雄陈红军牺牲时，他的孩子还有几个月就要出生了……"我再度红了眼眶。

"唉，孩子好可怜！"教室里一阵叹息。

"这是英雄肖思远在战地日记里写下的一句话，我们一起来读读吧！"我哽咽着，但不再放纵落泪。

"我们就是祖国的界碑，脚下的每一寸土地，都是祖国的领土。"朗读的声音渐渐振奋，读完一遍又一遍。

……

"同学们，听完这些英雄的故事，你们有什么想说的话吗？请把它写在黑板上。"

几分钟后，黑板上的字越来越多："我们每天都快乐地活着／吃着烤翅，喝着奶茶／不明白那些比我们强壮的人为何会死／夜里我忽然惊醒／原来他们是为我们而死""青山处处埋忠骨，国人时时念英雄""张开双臂／守护的是背后的祖国／筑起的是巍峨的界碑"……

此时，阳光照在他们明媚的面容上……

不要轻易落泪

完善的教学气质应是感情和理智的和谐统一。在教育的真情告白里，教师的真情可以沸腾，情绪可以饱满，但表达时却需要做适当的冲淡，要保持昂扬和激情的适度，为学生的情感留下空间。因为，宁静、深沉的感染力总是比激起瞬间激情的煽情有更高的价值。

唯有教师对情感理性地克制，才能更好地激发学生的情感。当教师冲淡了自己的情感时，才能给学生迸发情感留下更多的空间。同样是讲述戍边英雄的故事，一堂课上我数度哽咽，泪流满面，最后因沉浸在自己的情绪里而忽略了学生的感受，错失了育人的时机；而另一堂课上，我从头到尾运用了冲淡感情的处理方式，虽依然感动于英雄的忠诚和纯粹，但在讲述时已懂得克制自己的情感，表达情感时放弃热烈的自炫和无节制的宣泄，只采取安详的注视和深情的铺陈，用最细腻的心灵去体味，从而使学生获得了情感的感染与共鸣。

何愁疏枝寂寞？漫空红蝶翻舞

姜力强

秋风萧瑟起，枫叶落纷纷。

在连轴安排的课堂里辗转奔徙，喉间如贴了一剂辣椒膏药，又涩又疼，嘴唇干燥得如飘落的黄叶，再也咂摸不出一丝水分。趁着课间五分钟，我匆匆来到办公室，想要找杯水喝。

"老师，今天中午我要请个假，去书店买几本书，请您批准。"

一个男生走进办公室，拿着一张待签的请假条，恭敬地站在我面前。

是他，这学期刚从别的学校转来的男生……午休时间请假，并不耽搁上课，签，还是不签？喉咙要冒火苗了，我艰难地舔了一下干裂的嘴唇，想要说话，却不由自主地咳嗽了起来。

耳畔回响起一个女人的声音："老师，只要我家孩子请假，任何时候，你一定要打电话先告诉我，没有我的允许，你不要让他请假……"他的母亲，一个清瘦的女人，就在上个星期，特意找到办公室来，愁苦着脸，絮叨了很久，说了一堆孩子的不是，离开时，给我下了一道不容抗拒的命令。

"你先上课吧，待会儿再过来好吗？"上课铃急促地响起，我接过请假条，好不容易止住了咳嗽说出话来。望着男孩离开的背影，我如释重负，长舒了一口气。

这真是一个棘手的问题。想起男孩的父母在这一个月里的种种怪异举动，我不由得叹了一口气。

男孩的父亲第一次出现在大家的视野里，是在开学的那几天。

一天，两天，三天……一个中年男人每到上课时分，必定伫立于窗口，眼睛望着教室，目光好似帆船着陆时抛出的锚钉，死死地钉在一个学生身上，半刻不曾转眼。起初，大家以为是来检查校纪校风的某位暗访领导，但几天下来，发现他的目光所及之处，只容得下一个人，那就是他痴痴望着的那个男孩。男孩上课了，他从窗户里望着。男孩去食堂吃饭，他寸步不离地尾随在身后，只是站在男孩身边，也不说话，痴痴地看着，一刻不曾转眼。

男孩沉默着，对身后这个紧紧尾随的中年男人，恍若陌生人一般，不曾说话，也不曾看一眼。

渐渐地，在这个中年男人的注视下，我们班的教室好像不是教室了，一张无形的网从空中罩了下来，伸展了无数若有若无的绳索，绳索带着锋利的锚钉，死死地钉在了每个人的身上，空气恍若凝固了一般。大家沦陷在他定定的目光里，明显感到不自在起来。学生们纷纷议论着，男孩阴沉着脸，不说话。

我把这个中年男人请进办公室，询问缘由。

还未等我开口，中年男人说话了：

"你这么文弱，能不能管好我儿子啊？我家孩子很难管的。"

我看着这个中年男人，一件洗得泛白的绿色 T 恤，衣袖又宽又长，松松皱皱地卷着。他说话的时候，手不自觉地挥动，卷折了几层的袖子便又垂了下来，露出了脱线的袖口。

脑海里浮现出男孩的身影，想要找到这个父亲嘴里"我家孩子很难管的"的印证，却并未找到。这个男孩开学以来，课堂上目光灼灼、专注有神，下课了到办公室来问问题，恭敬地向老师行礼，他的试卷上是一行行苍劲有力的字——练过书法。这样好学有礼的学生很难管吗？做了这么多年的班主任，各种脾性的学生都见过，然而，我第一次见到这样给自己的孩子贴标签的家长。

我郑重地转达了全班同学的意见，请求这个家长不要再来学校如此这般看管孩子了。

过了几天，男孩的妈妈来到了办公室。

这个清瘦的女人，一进门便说了我许多好话，然后细数家底，列出孩子的种种"劣行"。

从她的话里，我知道了这对夫妻之前都是在外地民办学校任职的临聘教师，生养了三个孩子，这个男孩是他们的大儿子。男孩本是成绩优异的学生，后来迷上网络游戏，从此不可自拔，以致成绩直线下滑。夫妻俩痛下决心，想方设法给孩子换了个学习环境，并双双辞职回家，守着孩子读书。现在男孩的妈妈在一家幼儿园谋了一份职，艰难地维持着一家人的生活，男孩的爸爸则全力看护孩子。

这个清瘦的女人时而咬牙切齿地抱怨，时而愤怒不已地谴责，又低低地啜泣起来，伤心不已。她对我有关男孩的种种优秀表现的陈述置若罔闻，坚持要求我把正在上晚自习的男孩找来办公室。

一见到孩子，女人的声音瞬间提高了，几乎声泪俱下：

"你在学校一定要好好读书啊，家里全都是为了你才变成这个样子，我们有点好东西，爷爷奶奶不舍得用，弟弟妹妹不准动，都给你留着。你不要太让我们失望，你再不改，我真是对你绝望，我真是好想放弃你……"

男孩脸色煞白，低垂着头，好似要在地上找到可以逃遁的洞口。而我，心蓦地痛了起来，不忍再听下去，我不敢再看孩子，窘迫地低着头。男孩脸上的汗珠滴落的地方，分明有一地碎片，那是一个人柔软的自尊被人碾压在地上狠狠踩了几脚的碎片。

看着手里的请假条，我拉回了思绪。要不要让孩子打电话给他妈妈说请假的事情？我要不要签这张假条呢？

此时，我想到那对父母描绘的有关孩子的种种"劣行"，想到那位母亲对我的郑重的告诫，想到一个老师因看管不力而有可能产生的种种无法承担的后果，我不由得犹豫。

我的眼前闪过男孩的眼神。那是怎样的眼神啊，那样的可怜无助，充满了无处可逃的窘迫，被撕裂了仅有的保护膜而无地自容的绝望。如果我依他母亲所言，那岂不是也认定了他就是那样一个不值得信任的孩子，认定了他就是一个需要时刻监管的孩子？我岂不也成了死死盯着他看管他的人？

下课铃响了，男生走了进来。我把签好的请假条递给他。男孩向我鞠躬行礼，声音清亮：

"谢谢老师，我会在上第一节课前赶回来的。"

窗外，秋风瑟瑟，枫叶飒飒作响，漫空飘落如红蝶翻舞。疏枝上，一枚红叶挣脱了树的挽留，飘飘荡荡，在半空中划过一道优美的弧线，缓缓落下，依偎在树根旁。

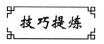

给学生一次重塑自我的机会

所谓的"青春叛逆"，有时不过是孩子在青春阶段违背了行为规范，有时不过是孩子成长到想要迫切了解世界时却无章可循的一种错乱。面对这些"叛逆"者，许多父母哀求，劝慰，威胁，打骂……施以特别严厉的管教。然而，效果却往往适得其反。就如文中的父母，他们过激的言行，非当没有成为孩子蜕变的"助推器"，反而一次次挫伤着孩子的自信，撕裂着孩子的自尊。

其实这样的孩子，内心无比苦痛，他就像落单的小兽，烫着"叛逆""顽劣"的烙印，孤独地困于精神的牢笼，周围投来的是异样的目光。

"信赖，往往创造出美好的境界。"即便这个男孩曾有网瘾袭来而撒谎请假、逃课外出的过往，我仍选择充分信任和尊重。一个受信任和尊重的孩子，心中定会激起一股向上向善的信心和勇气。这股信心和勇气，定能在信任和尊重的土壤中生根，发芽，渐渐茁壮。作为教育者，一定要信任和尊重孩子，给孩子一个告别过往，重塑自我的机会。

PART 3

第三辑

教育在生成里

上课铃尚未响起，我提前与学生们见面，一位身穿白色运动服，扎着马尾辫的女生闯入我的视野。她比周遭的学生看起来都要成熟，也要高大，一双明亮的大眼睛显得桀骜不驯……

教育在生成里

吴春来

那日，天灰蒙蒙的，好像要下雨，嗓子发炎近一月，嘶哑得几乎说不出话来。心情像极了这沉闷的天气。

上课铃尚未响起，我提前与学生们见面，一位身穿白色运动服，扎着马尾辫的女生闯入我的视野。她比周遭的学生看起来都要成熟，也要高大，一双明亮的大眼睛显得桀骜不驯。我微笑着走近她，问她是不是六年级的学生，她扬起头，冷冰冰地冒出一句话："是的！"看也不看我一眼。而我旁侧的学生，很好奇地看着我，其中一位小男生探出一个小脑袋问："老师，您给我们上课吗？"我高兴地告诉他："是的。"同学们都很兴奋地打量着我这位陌生的老师。一个长得十分秀气的小女生怯生生地问："老师，您给我们上哪一课呢？"当我刚想回答时，那位运动服女生（姑且让我这样叫她，因为其他学生都身着校服）撇着嘴，不屑一顾地说了一句我没太听懂的话，语气比适才更生硬，好像别人与之有过节一般。

"叮铃铃"，上课铃响了。我转过身，偷偷地往嘴里塞了六片草珊瑚含片，试图让嗓子稍稍舒服些，别太发痒。"上课！"我尽量抬高嗓门，只见同学们欢笑着齐鼓掌，而运动服女生象征性地把手掌轻轻地一张一合了一下，面无表情。

"今天老师给你们上一堂口语交际课，什么是口语交际呢？"我微笑着开启课堂。

"打个比方，课堂上你想上厕所，怎么办？"

"跟老师说呗！"运动服女生露出了白齿，笑着说。

学生们哄堂大笑起来。

"怎么跟老师说呢？"

当我拿起话筒时，只听见她大声说："给我！"我侧过身看见运动服女生早已高高地举起了手。我高兴地把话筒递给她。她直立起来，扯扯上衣，声音洪亮很有节奏地笑着说："老师，我想上厕所，我能不能去？"同学们又是一阵大笑。

见此情境，我接着说："这样吧，如果这位女生是老师，你如何跟她说？"她依旧笑着，字正腔圆地说："老师，我想上厕所，刚才下课我忘记去了，现在憋不住了，要拉身上了。"同学们的笑声更大了，而她表现得越发亢奋，很有一种成就感。

我顺势告诉他们什么是口语交际。从这位女生的态度上讲，我不是特别喜欢，她的言行举止缺乏一定的教养，我想着如何通过这节课去改变她。她，成了我教学中重点关注的对象。

"如果你们班上要主办一本刊物《小小作家》，你如何跟老师说呢？"教学进入主题。

运动服女生又高高举起了手。我示意她稍作思考再回答，并未立刻让她回答。然后我跟全班同学说："只有深入思考后再做回答，回答得才更好，大家要养成这样的习惯。"

几分钟后，第一组同学展示。不知何故他们相互推托，不肯发言。你推我让后，一位男生才敢于扮演老师，一位女生站起来很有礼貌地说："老师，我觉得班上同学的作文相当好，应该可以做成一本书，书的名字叫'小小作家'，这样可以互相交流学习，您觉得可以吗？"男生有模有样地像老师一样给予回应："我看可以，这样能够提高同学的写作兴趣。"学生们报以热烈掌声。

此时，运动服女生示意要评价。"总体上可以，就是前面太磨叽了，不要耽误我们的时间。"她慢条斯理地说。

我继续点拨："向老师提建议的语气，大家觉得可以吗？"

"可以！"

"很有礼貌，是商量的语气。"

"向老师提建议，首先要懂得基本的尊重。"

学生们议论开来。

"是啊，要懂得尊重，会说'您''请'等礼貌用语。"我边说边望着运动服女生。她似乎也感觉到了什么，神情变得比较平和。

课堂在学生们的展示与讨论中，不断深入。

不过，在阐述自己的理由时，大家陷入了困境。学生们几乎都考虑创办《小小作家》给学生们带来的好处，所以说来说去无非就是大家能想到的那么几条理由。

这时候，运动服女生从旁边同学桌上拿起话筒，站起来，很自信地说："老师，我想说几点，可以吗？"

"当然可以！"我冲她一笑。

"我们不能只考虑自己，也要考虑老师会不会担心影响我们的学习！"她环顾四周，露出白净的牙齿，"另外，我们的父母会同意吗？"

"所以，我们想说服对方时，一定要……"我趁机引导。

"打消对方的顾虑。"同学们异口同声地说。

有了思路后，同学们继续思考如何通过口头表达出来。大家你一言，我一语，互相表演着。几分钟后，我要求两位同学到台上展示，稍后一位男生充分肯定了他们的表达。

运动服女生猛地又挥着手说："其实这样的评价很虚伪，明明有缺点，偏偏说好。"

班上一位戴着眼镜的女生，从我手里接过话筒，缓慢地说："不是虚伪，而是尊重，要考虑对方的感受。"

"其实可以先说对方的优点，然后委婉地指出不足，而不是一味说好话。"运动服女孩反驳道。

"同学们，说对方的好话不一定是虚伪。我们要说真话，但真话并非一定全说，"我乘势补充，"尊重是第一位的，在肯定对方的基础上，委婉地指出对方的不足，是值得提倡的。"

学生们笑着望向那位运动服女孩，女孩也骄傲地看着我。

下课铃响了，草珊瑚片俱已融化，唇间，余下润爽的药香。我宣布下课，同学们纷纷离开会场；运动服女孩，冲我笑了一笑，也离去了。

就让她多表现

　　教学绝不只是教教学生书上的死知识，而一定要上升到教育的高度去育人。运动服女孩，一位看起来十分"刁蛮"的学生，课堂上如何面对她？说实话，当时我挺尴尬的。如此情境，如何去尊重这样的学生？又如何结合教学内容引导她懂得尊重呢？本节课讲授口语交际，侧重在懂得尊重的基础上打消对方的顾虑，从而说服对方。教学中我围绕学会尊重这一教学内容，抓住教育契机，多给她表现的机会，适时引导运动服女孩为人要懂得谦和与尊重。同时，她又是一位语言表达能力很强的女孩，通过她的学习与发现，让学生们进行思想碰撞，去生成新的教学内容。学生是最好的教育资源，教学中，唯有自始至终关注学生的变化，方能巧妙地达成教学目标，更好地立德树人。

一星在水，万籁生山

李苏芳

僵直的脊背，紧闭的嘴唇，拘谨的目光，两只小手交叉着，叠放在课桌上，双脚并拢，悬倚在桌脚的横栏上。已经上课五分钟了，这群五年级的学生整齐地保持着同一个姿势，恍若一群雕塑，几乎感觉不到眼眸的一丝转动。教学观摩大厅里，只有老师悠长的声音仿佛从遥远的西伯利亚传来，空旷而冷寂。

面对台下两百多名听课的老师感到害怕？还是因为眼前站着陌生的授课老师而紧张？大厅里鸦雀无声，没有学生举手。

"我们今天学习《枫桥夜泊》，只用一个方法，那就是读。现在请三位同学合作将古诗抄在黑板上。其他同学自由地、放声地读诗歌。"老师温和地微笑着，望着孩子们。要打破课堂的僵局，就让学生自由地朗读课文。读着读着，在群聚而热闹的场合里，孩子们往往会放下戒备，心绪也放松下来，更容易流露自然的本性。

可是，即使读着课文，孩子们的双手就像被无形的绳索捆缚着，依然纹丝不动。冬季的暖阳将一束金黄色的光投射到讲台上，然而，那束光还没来得及照亮孩子们的身影，就被厚重的窗帘无情地吞噬了。没有翻动课本的哗哗声，读书声渐渐弱了下去，大厅里陷入了一片沉寂，只听到孩子们怯怯的呼吸声。

那一瞬间，老师心里掠过一丝痛。他们如雕塑般僵硬的身影不仅仅透露出陌生和戒备，分明还有被驯服的木然。与其说这是一群乖巧的孩子，习惯了安静地听课，不如说这是一群在日常课堂里被禁锢得太久的孩子，失却了孩童本该拥有的天真和灵动，习惯了接受和被安排。

"我们今天读课文有四件事情：第一件事情，读懂它；第二件事情，欣赏它；第三件事情，把它背诵下来；第四件事情，能够学以致用。现在，谁来朗诵这首诗歌？"

老师热烈的目光捕捉着每一个孩子的眼神。在众多低垂着头的学生中间，一个瘦小的男生羞怯地望了老师一眼，瞬间又移开了视线。老师期待地望着他，目光定格在他身上，小男孩眼睛明亮，脸因激动而泛红，他缓缓举起的手就像扬帆凯旋时高举的桅杆。

老师像发现了一块瑰奇的璞玉，惊喜地走过去："终于有同学举手了，你知道我的心情是多么激动吗？"

小男生长舒了一口气，双手扶着课桌站起来，走到讲台上，书本在手中微微颤抖，细弱的声音在空荡的大厅里幽幽响起：

"枫桥夜泊，唐，张继。月落乌啼霜满天，枫江渔火对愁眠。姑苏城外寒山寺，半夜钟声到客船。"

因为紧张，这个男生接连出错，把"江枫"读成了"枫江"，"夜半"读成了"半夜"。

当同学指出了朗读的错误时，男孩难过地把头埋得很低，浑身像扎满了刺般难受。

老师走到他身旁，迎着全班同学的目光，朗声说道：

"作为第一位举手的同学，有一点点小小的紧张，但是我还是要鼓励你，第一个举手并且到台上读，这是多么勇敢而自信的表现！虽然有一点小小的瑕疵，但依然证明你是优秀的孩子，同学们，我们一起把掌声送给他！"

男孩抬起头来，挺直了背，眼里掠过一丝感激。一直保持僵硬姿态的学生们你看看我，我看看你。老师的话语好似飘落在平静湖面上的一片树叶，拨动着教室里沉寂的空气，泛起一圈一圈的涟漪。

"读正确，还要读出情感，那老师再给你一次机会，按老师刚才范读的方法，你再来读一遍……"

"能够评价自己读得好，对自己有认同感，你是一个很自信的孩子！但是，情感要再饱满一些。接下来，老师带大家一起读，你跟着老师来读……"

"有情感，有想象，情在景中，诗人是怎么写景的？这位同学，我还是给你机会，因为你是第一个举手回答问题的勇士，我看你读第四遍时会有多少变化……"

"你再到台上来试试，机会总是给勇敢的孩子。能不能背下来？试着到台上背出来好不好？"

"一星在水，万籁生山。"领读，范读，背诵……男孩一次次走上讲台，就像一只飞出樊笼的小鸟，自由地在山林溪涧鸣唱。鸟鸣啾啾，宛转和鸣，沉睡的群山也渐渐苏醒。孩子们的讨论多了起来，脸上的表情渐渐舒展，他们忘情地沉浸在诗歌的诵读里。

男孩神色愈发从容，走上讲台的步履愈发坚定，挣脱了乖巧坐着听课的规矩，打破了静默的囚禁，任思想自由驰骋。在这片天地，他是渴盼高空飞翔的雄鹰，无论顺风还是逆风，老师都在为他稳稳地护航。

"老师，为什么不是'半夜钟声到客船'而是'夜半钟声到客船'？"男孩再一次举起了手，声音清亮。

这个想要寻找自我的孩子，把心里的疑问勇敢地亮了出来，不仅是向老师宣战，也是向夜泊枫桥的诗人宣战。而且，这是多么精深而专业的问题啊，如果没有这次偶然读错，如果孩子悄悄咽下这个疑窦，缄默不语，将会失去一次多么精彩的课堂推进。

"我非常喜欢问问题的这个孩子！"老师欣慰地说，"古诗讲究平仄，从平仄韵律的角度来看，仄仄平平仄仄平，'半夜'与'夜半'都是可以的，但是在语言的表意功能上，'夜半'要比'半夜'好。'半夜'是名词，让人感觉静止于时间轴上的某个点。而'夜半'，却可以有动词的属性，让人感觉时间在推移，诗人不仅在夜半之前独自对着江枫渔火愁绪满怀，而且还要继续延展着这种难以排解的愁绪，彻夜难眠。'夜半'更能表现愁苦之深重。这就是诗家语与常用语的区别……"

柔和的光荡漾在老师眼里，犹如露水洗过的冬日里那颗悠远的晨星。学生们热切地望着老师，亮闪闪的眼睛里蓄藏着一触即发的智慧的幼芽，等待破土而出，迎接轻舞振翅的蓬勃。

那就大声、反复地读吧

夜色降临，星星蜂拥在花园里，芬兰女诗人索德格朗静默着，仿若听到一颗星星落地作响，诗人说："你别赤脚在这草地上散步，我的花园到处是星星的碎片。"

"悠夜如墨星如晨。"吴春来老师的课堂，有一个突出的特点，当课堂呈现缄默无言的局面时，要打破僵局，便让学生自由地朗读起来。一个人在发出声音的时候，脉搏呼吸和筋肉运动都会不由自主地呈现一个特殊的节奏。声音的抑扬顿挫、长短急舒往往与这种节奏相称，而这种特殊的节奏恰恰是人们内心世界的震荡。让学生读起来，老师只需看着他们读书的模样，听着他们读书的声音，正如看着那寂默的夜空，当流星划过，洒下星星点点的碎片，老师敏锐地适时捡拾，便已探知了孩子们的内心世界，课堂随之变得明朗了起来。吴春来老师在课堂里尽力呵护着那第一个举手发声的男生，一生二，二生三，三生万物，此时，"一星在水，万籁生山"。课堂里，学生们自由地舒展性灵。

每个孩子的内心都有满院星辰，即使是那些一闪而过的错误，也蕴含着学生天赋异禀的奇思妙想。老师要看到这些碎片的晶莹剔透，包容错误的展示，才有课堂智慧的自然生成。正如文中"夜半"与"半夜"的推敲，当学生的信心和勇气被老师反复嘉奖，当"错误"的探寻也获得老师的尊重和包容，当"错误"在老师的引导下逆转成柳暗花明的惊喜，"一星在水，万籁生山"。那悠悠寂默的群山啊，正因为偶然洒下的几点星光，亮了起来，万物为之苏醒。

唤起一片明月，照我满怀冰雪

姜灵妍

秋天，一个带着些许凉意的上午，干燥的风早已熏枯了草木，幸而阳光不离不弃，仍然眷顾着大地。课堂里，我与学生研读着《我与地坛》这篇文章。

"作者在地坛思考了三个问题：为什么出生？怎么样活着？如何对待死亡？作者是怎样想明白这三件人生大事的呢？请同学们结合第五段和第七段的写景文字来进行探讨。"

当我把问题展示出来后，同学们开始小声地诵读写景的文字，思考着文字里浸润的情韵和哲理。

我在教室里巡走，随时准备着答疑解惑。厚厚的窗帘覆盖住了所有能透光的窗子，每一个带着凉意的秋季到来，同学们就习惯用窗帘抵御无孔不入的凉意。尽管所有白炽灯都"兴奋"地焕发着光彩，但清冷冷的色泽，让人心生寒意，备感沉闷和压抑。

"同学们，你们从景中读出了什么？"教室里轻盈的诵读声渐渐停息，对同学们的感受和体会，我内心充满了期待。

但，教室里一片寂然。

"史铁生笔下的景有什么特点？"我改变了提问的方式，让问题变得更简单，更有指向性，但回应我的，仍然是沉默。

史铁生在地坛里寂然枯坐的日子，地坛里的每一株草木，每一声虫鸣，每一缕夕阳，每一片残垣断壁，尤其是生命的涌动和伟大，时时撞击、拨动着史铁生枯然的心弦。

而眼前，一向活泼的同学们，却用集体的失声回应了我。

"读不懂，没感觉！""不就是一些普通平常的景色嘛！"……稀疏、慵懒的几声回应，让整个教室显得更加沉闷。

同学们茫然的眼神、散漫的神态，让我的内心有点颓然。也许，依他们的年纪和经历，真的无法体会这么厚重的哲理。

"把所有的窗帘都拉开吧！"我想让阳光，让强烈的光线驱散他们的困顿。

当窗帘被拉开的瞬间，展现在我眼前的景象，就像打开了"另一扇窗"，震撼了我的心灵，激发出了我的灵感。

我们的教室在六楼，窗外空旷的田野上，是一个古朴的村落，因为经济的发展，许多村民已经搬迁到别处建了新房，只有少数人还生活在那里。站在教室里俯瞰，整个村落都可以一览无余。真是一墙之隔，别样风景！

"没有关系，就让我们站起来，仔细地看一看每一天都在默默地陪伴着我们的墙外风景吧！"

同学们顿时兴味盎然，每一天埋头苦读，对身边的风景早已生出疏离，突然的对视，又唤起了久违的深情。

"请同学们告诉我，你看见了什么？"

"青砖、灰瓦、茅檐、篱舍。"

"被雨水侵蚀的泥墙、坍塌的房梁、墙头瓦楞上的秋草。"

"同学们，请把视野放得更宽一点，再往远处看看，村落的周围还有什么？"

"田野里大部分土地已经荒芜，零星的点缀着几片绿。还有老人佝偻着背，在锄地。"

"温暖的阳光铺在村落上、田野上。"

"还有泠江河从村前蜿蜒而过。"

……

别样的风景，明亮了沉默的课堂。

同学们兴奋地细数着眼前的风景，好像在谈论着一位既熟悉又陌生、久未谋面的老友。

"那请同学们再闭上眼睛，仔细地听一听，你，听见了什么？"

"有深巷里的狗吠、麻雀的啁啾、孩童的嬉闹。"

"同学们，现在请你们坐回原位，闭上眼睛。墙外的风景已经映在了我们的心灵里了。今天，假如你是一个画家，刚才我们眼前呈现的各个意象、各种风景都是可以入画的素材，老师请你们画一幅画，画面要呈现一种衰败荒芜的意境。"

第一次进行身份的切换，第一次成为文艺范十足的画家，兴奋、激动、喜悦在他们的嘴角、脸颊、眉眼间流溢。大家都闭上了眼睛，在心灵的画布上肆意地泼墨挥毫。

"我以稀疏的老屋为主要的风景：因雨水的侵蚀布满了一道道'泪痕'的外墙，因常年失修而支零破碎的瓦片，在岁月中老去、在风雨里叹息的残垣断壁，再辅以墙头上、瓦楞上、院落旁疏疏落落的秋草。"

学生在给空白的画卷"添砖加瓦"的时候，我不断地引导他们用学过的课文中的形容词，来给我们的画卷"上色"，让这幅"衰败荒芜"的画面像一首诗一样，从画卷里流溢出来。

"现在老师变身为画家，我要在你们的画卷上，添加一些意象，你们来告诉我，画面呈现的意境有什么变化。"

同学们睁大了眼，一脸期待地望着我。

"阳光寂静地平铺在村落上，田野上，每一处岁月的褶皱都被映照得灿烂；院子里孩童玩耍的嬉闹声，撞击着剥蚀了的岁月，发出银铃般的回响；远处的田野上，老农像照顾婴儿一般，小心翼翼地侍弄着庄稼；匍匐在田间地头的黄狗，不时汪汪地呼唤，拂去寂寞的时光。"

"老师在画面上添上了灿烂的阳光，孩童的嬉闹，老农的劳作，黄狗的陪伴。整个画面的意境有什么变化呢？"

"太美了。衰败荒芜中透着历史的厚重和顽强的生命力……"同学们的心灵浸润在如诗的画面中，心灵的激荡，犹如穿越时光的河流，汩汩而来。

"一个高明的画家或者作家，是可以把我们眼里普普通通的意象，'化腐朽为神奇'的。现在，我们回到教材，地坛里的风景，你还觉得普通，索然无味吗？"

同学们用意味深长的笑容回应着我，我知道，地坛里同样荒芜却并不衰败的景象，古旧沧桑却安详厚重的精神，已经轻叩门扉，拨动了他们的心弦……

让学生看得到

"唤起一天明月，照我满怀冰雪。"当稼轩于月波楼上与满天皎洁的月光撞个满怀，当纯净的月光让心怀变得澄澈明亮，当宽广无垠的心胸如浩荡的百川汇流，江山万里已在心中。教学过程中，何不"创设情境"，唤起"明月一片"，唤起学生思考探究的欲望，架起"思接千载、视通万里"的桥梁，让学生明明白白地看到"满怀冰雪"？

在本节课中，同学们对预设的问题提不起任何兴趣，小小年纪的他们，没有经历过生活的风浪，生活体验单一，因而地坛的一草一木无法唤起他们更多的经验体会。这时，我适时创设情境，让学生观察眼前与文中写景段落相似的情境，把抽象的文字变成实际可感的形象，以此调动学生的感官体会，让他们入境入情，感受画面里流动的情韵。再让学生把刚才"看得到"的情境变成入画的文字。学生在"看得到"的情境和文字的切换中，不断地感受、思索，最后就顿悟到了普通的意象在高明的作家笔下，是可以像魔法一样任意地流转切换的；在"看得到"的情境之中，同学们体物入情，披文入情，领悟了地坛里看似寻常的景象却浸润了丰厚的人生哲理。

依偎的心灵里，没有离歌

蒋淑玲

那年，初夏的阳光依旧温柔，微风拂过面颊依旧舒畅。可是，我的心却隐隐地不安。那个坐在角落里叫小静的女孩，不经意间，她孤独的身影钻进了我的心里。她的脸色蜡黄，嘴唇有些泛白，看起来似乎营养不良。头发又黑又长，厚重的刘海几乎遮住了她的眼睛。她不太爱说话，常常喜欢安静地端坐着。她的样子，让我有几分莫名的担忧。

六月的脚步轻叩着时光的铜门环，校园里，黄鹂声声，宛转地吟唱着离别。操场上，林荫道边，孩子们三三两两地聚在一起，比往日更多了一份不舍的依恋。学校提前发布了要拍毕业照的通知，一曲离歌正式上演。孩子们纷纷准备了留言纪念册，来记录六年的同学情谊，留下时光的足迹。

"老师，请您写这一页吧！"

"老师，您给我这页签个名吧！"

"老师，我想要您的联系方式，记得填好噢！"

……

一下课，孩子们就簇拥着我，让我在他们的纪念册上留下时光的"痕迹"。唯独小静，依旧默默地端坐在椅子上，一动不动。自从大家开始写纪念册，她跟同学的交流就更少了，语文课上她也耷拉着脑袋，脸色凝重，心事重重，就连她喜欢的体育课，也只能看见她落寞的身影。

于是在给其他同学写纪念册时，我微笑着假装不经意地问起："怎么没见小静让我写纪念册呀？"

"老师，我觉得小静没有纪念册！"

"对对对，她也没有让我们写呢！"

几个孩子贴近我耳朵，轻轻地告诉我。我抬头看向默默端坐的小静，心里更担忧了。

课后我拨通了班主任的电话，从班主任那里，我了解到有关小静的更多信息：小静的家庭很贫困，母亲早年离家出走，父亲身体不好，早已丧失了劳动能力，唯一的倚靠就是年迈的奶奶……

了解了小静的家庭情况，我的心情有些沉重，想起小静最近异常的表现，我似乎懂得了小静变化的原因。

"小静，在想什么呢？"有一天下课铃响后，我走向小静的位置。我的突然出现，让小静有些手足无措。

"你的眼睛特别的漂亮，水汪汪的，像一池春水，但你为什么总把它藏在刘海后面呢？"

听到夸奖，小静现出羞涩的笑容。但她并没有回应我。

"刘海挡住了你的眼睛，不会影响你的视线吗？"我进一步试探着发问。

"老师，头发……会影响我的视线，有时候……甚至会刺着眼睛。可是……可是奶奶不会剪刘海。"小静低着头，小声地说。

"那老师帮你剪刘海，可以吗？"

她微微抬起头，疑惑地看着我，然后羞涩地点了点头。

我领着小静来到了办公室，我用剪刀非常细心地帮她修剪起来。不一会儿，刘海下那双水汪汪的大眼睛终于得以"重见天日"。

"你的眼睛是老师见过的最漂亮的眼睛，这样露出来，配上高高的鼻梁，鹅蛋似的脸颊，美极了！以后，老师就是你的御用理发师，刘海长长了，就来找老师。"小静没有说话，扑闪着水汪汪的大眼睛微笑着望着我，然后向我深深地鞠了一躬。

"小静，星期五，老师想对小学必备古诗词做一下检测，检测的方式是'我说你猜'，老师说古诗词意思，你们背出原句。你语文成绩优异，记忆背诵效率又高，老师最近嗓子疼，你可以帮老师出出题，主持这堂课吗？"我带着鼓励的眼神征询小静的意见。

"我……可以吗，老师？我从来没有做过，我……不会弄。"小静平时很少主动回答问题，更别说扮演老师的角色出题来考同学们了，当我向她发出邀请时，她不禁露出了担忧的神色。

"没有关系，我们还有好几天的时间准备呢，你放心，有老师呢！"我拍着小静的肩膀，安抚着她的情绪，然后耐心地给小静讲解。于是每天放学后，小静都会来办公室，跟我讨论她出的题目，然后不断地修正，她的认真让我有些动容。

"我说你猜"的古诗词检测如期举行，当我说明情况、宣布完学习规则后，小静很有默契地走上讲台，脸颊上泛起一阵红润，但步伐却没有迟疑。小静出乎平常的表现赢得了同学们的一致赞美。因为是同学们自己出题，那天的课堂，同学们争先恐后，异常地活跃。

"小静，谢谢你帮老师的忙！你表现得非常好！这是奖品，奖励你给老师帮忙，奖励你认真负责。"课后，我把小静叫到了办公室，把一本崭新的精美的纪念册放在她的面前。

"老师，纪念册是奖励给我的？是真的吗？"她非常诧异，惊喜得眼睛瞪得大大的，言语里充满了疑惑，更饱含了热切的渴望。

我知道，对于纪念册，小静在心里已经煎熬很久了，也许家庭贫困，奶奶没有钱给小静买，也许懂事的小静明白家里的情况，从未向奶奶提出过要求。

"谢谢老师，我也有纪念册了，我也有纪念册了！"她双手接过纪念册，兴奋地把它抱在怀里。

"老师，您能写一张吗？我要把它放在第一页！"她的言语里透着兴奋和感激。

……

那天以后，小静似乎开朗多了，课后不再一个人默默地坐在椅子上出神，而是跟同学们打成一片；课堂上的她，也开始积极举手回答问题了，她常常主动参与课堂表演、朗读……她清亮的眼神里，我分明看到了心灵安放的姿态。

满足学生的一次心愿

教育的功能，在于培育完整而有道德智慧的人，成长比成才更重要。小静因无法拥有一本纪念册而黯然神伤，懂事的她，没有向家人求取，一个人默默地承受这份失落。当我窥见了她失落背后的原因，我试着一步步走近孩子，"剪刘海"事件让我靠近了她，"我的请求"让她靠近了我，你来我往中，"送纪念册"就成了水到渠成的事，不仅满足小静的一次心愿，更是维护了她敏感的心灵。

有人说，压垮成年人的从来只是一根"稻草"，而在孩童的世界里，压垮一个孩子的，或许是一本平常的留言纪念册。中小学校尤其是乡村学校，存在着为数不少的留守儿童，这些孩子远离父母，缺乏耐心的陪伴和倾心的教育，这对于儿童的成长来说，不仅会留下成长的缺憾，还可能留下难以抚平的创伤。正如苏霍姆林斯基说："真正的教育者要注意在自己与学生之间建立细腻的情感联系。"面对留守学生，我们要走进学生的内心，懂得他们的需求和渴望，通过教师和集体的温暖弥补亲情缺失对其人格发展的消极影响，使留守儿童备受关爱，进而体验到生命成长的快乐与幸福，消除不良情感体验，树立乐观向上的生活态度，培养正确的人生观、价值观。这样的走进，也许是一个拥抱，也许是满足他们的一次心愿。这条关爱之路，任重道远，而我，愿一直在路上。

"水鸳鸯"与"野鸳鸯"之辩

高艳丽

课堂上，正在研读诗歌《孔雀东南飞》，同学们被焦仲卿和刘兰芝相爱却被迫分离的悲剧故事深深打动了，他们热烈讨论着男女主人公"举身赴清池""自挂东南枝"的毅然决然的反抗精神，课堂气氛达到高潮。

突然，有个同学嬉皮笑脸地站起来说："老师，我发现课文有一个错误。"

我向提问的学生看过去，是王同学，又是他，一个平时课堂上总喜欢出风头、搞恶作剧的学生。

"老师，别理他，他总是爱出风头。"旁边的女同学大声叫道。

"老师，让他讲！"爱看热闹的几个男生趁机大声嚷嚷，教室顿时喧闹起来。

我示意大家安静下来："让我们听听王同学发现了课文的什么错误。"

有着多年教学经历的教师，在这种时候，大多会选择冷静下来，也许课堂里不一样的声音，恰恰是"不一样的烟火"。课堂上喜欢出风头、搞恶作剧的学生，有时会带来窘境，但是这样的孩子大都聪明、精力充沛、语言表达能力较强，教师如果以欣赏和包容的心态、以爱心和善意去理解他们的行为，尊重他们的感受，肯定他们的长处，可能会创造出自由、和谐的教学环境，取得良好的教学效果。

王同学自豪而又神秘地笑了一笑，说："老师，课文结尾说树上有双飞鸟鸳鸯，大家都知道'鸳鸯戏水'这个词语，鸳鸯是水上动物，怎么会在树上？会不会是野鸳鸯？"同学们哄堂大笑，教室又一次喧闹起来。

听他说完这个发现，我也非常惊讶，这个问题在教学参考资料上没有提及，自己在解读文本过程中也没有思考过，在学情预设时也没有估计到，尽管王同学平时的发言比较随意，但是这次提出的这个问题却似乎很有价值。我敏锐地意识到这是一个绝佳机会，一个丰富全班学生的知识，鼓励学生善于思考、善于运用的机会，一个引导学生学习课本知识的同时又超越文本，从生活走向课堂，又从课堂走向课外的机会。我灵机一动，微笑着对学生说："古人云，学贵有疑，小疑则小进，大疑则大进。王同学能提出这个问题，说明他预习课文较深入，眼光敏锐，思维活跃。他提出的这个问题有价值，值得思考，同学们也想想这是作者的错误，还是有其他深意呢？"

王同学得意地坐下，其他同学展开了热烈的讨论。

很显然，这个问题的解决，还需要掌握科学知识，我引导学生去查字典，思考讨论，我自己也思考着如何因势利导，让学生借此领悟作品的内涵。我仔细默读课文结尾："东西植松柏，左右种梧桐。枝枝相覆盖，叶叶相交通。中有双飞鸟，自名为鸳鸯。""连理枝""双飞鸟""比翼鸟"……灵光一现，"啊，可以这样！"

思绪回到课堂，学生的讨论正在继续，有字典的同学很快找到了答案。"老师，我找到了，鸳鸯是候鸟，善于行走和游泳，飞行能力强。筑巢在多树的小溪边或沼泽地、高原上的树洞中。课文没有错误，鸳鸯戏水是对的，在树上出现也是对的。"

"好的，通过查字典，我们了解到鸳鸯可以在水中嬉戏，也可以在树上栖息，那么课文就没有错误。"

至此，鸳鸯生活在水上还是树上的问题在同学们的共同努力下顺利解决，我适时表扬了王同学的善于发现、善于思考。王同学在同学们的掌声中挺直了腰，昂起了头，露出了自信的微笑。

趁着学生思维正活跃，我让学生大声朗读《孔雀东南飞》的结尾，然后引导学生理解诗歌主旨："同学们也想想，课文写鸳鸯有没有其他深意呢？课文结尾有'连理枝'，那这个'双飞鸟''鸳鸯'就是……"

没等我说完，学生马上接着齐声吟诵起来："在天愿作比翼鸟，在地愿作连理枝。"

"非常好，那么这是一种什么手法，表现了作者的什么思想感情？"

"老师，我知道了，刘兰芝与焦仲卿夫妻恩爱，却被迫分离，生前不能长相斯守，死后也要化为鸳鸯双宿双飞。"

"老师，刘兰芝与焦仲卿生不能相见相爱，只有死，才能化作鸳鸯比翼双飞，永不分离。鸳鸯象征焦刘不朽的爱情，渗透着浪漫主义思想，正如梁祝化蝶一样，表达的是人们追求恋爱自由、生活幸福的美好愿望。"

看到同学们积极活跃的状态，我顺势引导学生拓展思维，让学生从课堂走向课外。"所以，这里的鸳鸯不是野鸳鸯，而是代表真爱的鸳鸯。在中国的古典诗文中，鸳鸯双宿双飞，是象征忠贞爱情的生灵，唐代卢照邻有'得成比目何辞死，愿作鸳鸯不羡仙'的诗句，这种美好的愿景让世人心生向往，鸳鸯就成了男女相爱的象征。此后鸳鸯的图像多见于书画和刺绣中，成为中国传统文化不可分割的一部分。"

下课后，王同学找到我说："老师，我太佩服你了，你能够包容我的胡思乱想、爱出风头，还表扬我，我很开心。今后我一定认真学习，争取进步，你要多鼓励我喔。"

我微笑着说："你今天的表现不是出风头，而是在质疑，这种精神很可贵。只要你肯努力，你会成为优秀的学生。"

"嗯，老师，你看我以后的表现！"王同学非常自信地走了。

望着他远去的背影，我觉得很欣慰。作为老师，在平时的课堂教学中，我们会经常碰到这种突如其来的事情，拥有教育智慧的教师，会头脑冷静，机智处理，既能包容学生的不合时宜的言行，保护学生的自尊，又能从学生的问题中发掘教育因素，因势利导，随机应变，将意外因素及时转化为积极因素，用人性之光和智慧之光驱散教学意外这片乌云，将课堂演绎得丰富多彩。

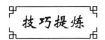

让学生动起来

抓住机会，让学生动起来。苏霍姆林斯基说："教育的技巧并不在于能预见到课堂的所有细节，而在于根据当时的具体情况，巧妙地在学生不知不觉中做出相应的变动。"这就要求教师能够对课堂那些节外生枝的问题做出敏捷的反应。

　　一位平时喜欢胡闹的学生，在课堂上居然提出一个出乎意料的问题，这是一次把教书和育人结合起来的绝佳的教育机会。面对问题，教师要用尊重、欣赏和包容的情怀去分析问题的意义。对于课堂上那些不一样的声音，教师要懂得从中剔除干扰课堂的元素，吸纳那些有利于积极推进课堂的合理见解。更重要的是，教师要善于找到学生的问题和课堂教学的有机联系，激发学生积极参与的意识，让所有学生动起来，引导鼓励学生求知、求真。同时要在育人上做文章，让这位学生的心也要动起来，让他看到自己的优点，从而求变求新。

　　课堂是一个动态生成的场所，我们要灵活机智处理，将生成视作一种宝贵的教学资源加以开发和利用，调好教书和育人全面发展的琴弦，弹奏出和谐、美好的协奏曲。

静水微澜

姜灵妍

初夏的午后，阳光正好，树上的蝉早已禁不住季候的撩拨，开始了生命的歌唱，没有盛夏时节此起彼伏、声嘶力竭的聒噪，倒给校园增添了一份生机与活力。

"请同学们仔细阅读《桥》，说说文中的党支部书记是一个怎样的人。"这节课，我们分析人物形象。

孩子们快速地进入了阅读的状态，蝉鸣的低唱伴随孩子们的浅吟，仿佛盛夏时节的小夜曲，悠扬而舒适。

不一会儿，浅浅的吟诵渐渐停歇，同学们紧蹙的眉头也开始松动，看样子，他们经过缜密地思考后，已经成竹在胸。我环顾着教室，等待更多的同学参与进来。

突然，我的目光滑落在了他的身上。周围的同学都信心满满地高举着小手，只有角落里的他，身子蜷缩，佝偻着背，头埋得低低的，像一只把头埋进沙里的鸵鸟。这是一个敏感而自卑的孩子。每一次提问，他似乎都仓皇失措，如临大敌，他害怕自己一开口，引来的是同学们一阵阵的嘲笑。

他蜷缩在一隅的样子让我心底渗出隐隐的疼痛，我明白，一颗被恐惧包裹的心灵，要饱受怎样的焦虑和卑微，一个被嘲讽的梦魇缠身的孩子，是多么的渴望能自由地呼吸，畅快地酣睡。

把头埋在沙子里，最终只能掩埋掉未来。孩子不能一辈子做一只鸵鸟，他拥有抬头仰望蓝天，呼吸清新空气的权利，他拥有在阳光下追逐梦想的自由。

"我们今天邀请哪位同学来主讲呢？大家猜猜看。"同学们听了我说的话，都期待地看着我，又紧张，又兴奋。

"有一次，我经过操场，看见我们班有位同学，投篮特别准，他平时不太爱说话，但小小的身板，却拥有巨——大的——能量。"我特意拉长了声音。

同学们你看看我，我看看你，议论纷纷，笑意盈盈，都在猜测着是谁。

"每一次学校卫生大扫除，同学们把自己的责任区打扫干净后就回家了。但是，每一次他都坚守岗位，仔细地检查每一处卫生死角。我们的流动红旗，有他默默的付出！"我继续细数着他不为人知的优秀。

我的再一次"揭秘"犹如席卷水面的强风，同学们心底泛起的狐疑，由微微涟漪，激荡起了汹涌的浪潮。

"他今天穿了一件蓝色的像大海一样漂亮的衣服。"我把目光定格在他身上。

同学们齐刷刷地看向他，他成了舞台上聚光灯下的主角。突然的关注令他有些错愕，他像一只受惊的小鹿，绯红着脸怔在那里。

"你能说说看，你喜欢文章里的谁吗？"我尽量把问题变得简单，让他能用最少的词汇来回答。

他彷徨着，迟疑着，久久没有离开椅子。也许他也觉得，坐着是一种不礼貌的行为，最终缓缓站直了身子。他依然低着头，小声地迟疑地嘀咕出几个字：小……小……伙子。

我沉静的目光扫视全场，在我的示意下，同学们努力地控制着即将喷薄而出的哄笑。也许，大家都认为答案应该是"党支书"，觉得"小伙子"只是一个衬托"党支书"的形象。

"你的确是一个具有奇思妙想的孩子，这是老师听到的最有个性的答案！你喜欢他什么呢？"我微笑着看向他，眼里满含赞许和期待。

在我等待的瞬间，他微微抬起了头，眼神里有点狐疑和不安。也许，他还没有习惯被赞许的感觉。

"小……小……伙子，很……很……勇敢！"他的手紧紧攥着书本，仿佛那是一根救命的稻草。

"噫……"角落里，有同学发出了鄙夷声。

"我俩心有灵犀,我也觉得小伙子是一名勇士。你能说说原因吗?看看你跟老师是否还是那么默契。"我害怕刚刚燃起的希望的火苗,被雨给打湿了,赶忙用"默契"护住他脆弱的心灵。

"他虽然……有点……不情愿,但他仍然选择了站在最后,把生的希望让给……别人。"他几乎完整地说出了他的答案。

"有自己的独到见解!真不错!只是——窗外的知鸟声有点让人讨厌,老师刚才没有完全听清楚,可以大声地给老师再说一遍吗?"我用征询的目光真诚地看向他。

他脸上浮现出了羞涩的笑容,清澈的眼眸中闪现出一丝异样的光芒。他迟疑了一会儿,然后镇定地、响亮地发出了他在这个班级里的"第一次宣讲":"他虽然有点不情愿,但他仍然选择了站在最后,把生的希望让给别人。"

"声如洪钟,掷地有声!"我一字一顿,把赞许抛向他,抛向每一位同学,同学们似乎领会了我的授意,教室里顿时响起了热烈的掌声……

"'小伙子',党支部书记的儿子,并不是一个完美的人。面对生的诱惑,他也曾退缩过,也曾贪恋过,这并不可耻,这是人之常情。但他最终听从了父亲的指挥,站在了最后,把生还的机会让给了别人,他的确是一位勇士,一位英雄!"

"你善于思考,能在他的不完美中发现优点!了不起!真了不起!"我连声赞叹,向他竖起了大拇指。

他抬起了头,目光迎向了我,眼里荡漾着羞涩和喜悦的涟漪。

"每一个人都不是完美的,我们都会有这样或那样的缺点,学习的过程就是一个发现优点,弥补不足,重建自我的过程,向善,向上,最终都会成就一个更好的自我!"我把"发现、弥补、重建"六个大字工整地醒目地板书在黑板上。

"同学们,愿意做这样一个向善、向上的人吗?"我环顾着整个教室,目光落在他的身上。

"千红万紫安排著,只待春雷第一声。"当"愿意"的回答声在教室里响起,我读懂了他轻声的回应。

这一刻，在他勇敢地与我交汇眼神的瞬间，在他轻声却坚定的回应里，我听见了小草冲破黑暗，破土而出的舒畅……

三毛在《一生的战役》中曾写道："我一生的悲哀，并不是要赚得全世界，而是要请你欣赏我。"三毛用尽全力，用一部又一部的著作，用漫长的等待，赢得了父亲的赞许，扫去了她一直以来消除不掉的自卑和心虚。

而这位同学，不需要用余生为自己的内向、自卑买单，因为此时既然已经迈出了第一步，那就继续信心满怀地前行吧，无论多远，身后始终有我的目光。

技巧提炼

说点课堂之外的

教育的"契机"无处不在！有时候，说点课堂之外的优异表现，可以消除别人的误会和成见，促使学生重新审视自己，发现自己，重建自己。

帮助孩子培养优秀的品质，是一个教育工作者立德树人的使命。教育家杜威认为，一切教育的最高目的是形成性格。在每一位教师的班级里，可能都会有案例中这样内向自卑、害怕回答问题的学生，他们常常有一颗敏感而自尊的心灵，害怕被评价，害怕被否定。帮助他们勇于面对自己，重新认识自己，重新建立自信心，才能让他们的心灵沐浴着阳光生长，才能让他们在阳光下自由快乐地追逐梦想。

于是，我以他课堂之外的表现为"契机"，夸赞他投篮的精准，夸赞他负责的工作态度，夸赞他极强的班级荣誉感，以此来解除他的戒备，帮助他重新审视自己，认识自己的优点，建立起自信，同时也给同学们打开了一扇重新认识他的窗，让同学们意识到身边这样一位沉默寡言的同学，背后有许多我们不曾看见的优秀。"说点课外的"，给了同学们一个重新"认识"彼此、"审视"彼此的开端，这个开端引领的将是一段美好的旅程。

我想你了

胡娟芳

最美人间四月天，满目的繁花绿树，诠释着生命的意义，春的暖阳、春的和风、春的细雨为我破解着生命鲜活明媚的密码，如燕的呢喃，款款深情。

我沐浴着暖暖的晨光，站在教室外的走廊上，习惯性地往里面望去，干净明亮的教室里，没有一个空位，满满地，坐着我高三的学生们，他们正在紧张又有序地学习着，为着自己的梦想努力着。

没有一个空座位？都来了？我诧异了，再认真看看，还是没有空座位。

"怎么不进教室？早读课的铃声马上要响了。有情况？"来视巡的班主任不知道什么时候走到了我身后，着实让我一惊。

"罗同学已经来了？"我转过身，喜悦而又急切地问。

"不可能啊！我今早上才把她的座位搬到我办公室去。"

原来是班主任在多次联系罗同学及其家长，得到的回答都是"不想读了"之后，为了不动摇军心，把她的课桌搬走了。

大家马上要进高考战场了，而罗同学还没来学校上课。面对班上唯一的空位，老师同学每天都要相互问问她的情况，得到的答案是：长长的寒假里，罗一直失联，大家都在进行网上学习，只有她没有进入学习群，她上个学期就因为成绩上不来，心情压抑，总说不想读书了。

"不行！我打个电话再进教室。"我说。

"我已经打过很多次电话了，没用啊。你又不是没接触过，她脑瓜子一根筋。她爸爸讲她可能心理有点问题……"

没听完班主任的话，我的电话已经拨过去了，"嘟——嘟——"，在等待接通的间隙，我努力组织语言，想着怎么把她说服来学校上课，没等我理清自己的思路，电话那头传来了她细细的声音："老师，你别说了，我还没想好，不知道哪天去学校。"

我顿了顿，不知道说什么了，我向来不是个能说会道的人，做学生的思想工作也不在行。"死女，你还不去？老师都打过来那么多次电话了。你怕是真的有毛病。"话筒里远远传来嘶哑的男声，估计是她的父亲听了她的回答在骂她。

停了一下，她说："老师，我爸爸讲要带我去医院看医生，说我心理有病。我不想去读书了。"

我急了，脱口而出："我想你了！怎么办？"

那一瞬间，这一声"我想你了"让我的眼眶顿时红了，我的声音几近哽咽，心口被一种莫名的情绪拥堵着，冲撞着。

"我想你了"，好熟悉的一句话语啊！那是我三岁的儿子常常在电话里说给我的一句话，每次听到，我的心里就像是被滚烫的火星钻进，又麻又痒，今天，情急之下，这句话从我的心里涌上来，我的眼前，仿佛站着我最爱的亲人，我最想念的朋友。

"不可能！"无声的静默之后是她激动的反驳。难得听到她这么有力又响亮的声音，三年了，我见到的她，走路永远是有气无力的，说话也是细细怯怯的，没有一点精气神。那句"我想你了"是久违的蛰音，让一颗紧闭的心扉微启了帘幕。

"现在天气好，我跟你们一起拍照。"我知道她爱美，因为记得她曾经悄悄问过我她的发型适不适合她。

"我好黑，又不好看。"她语气急促。

"你的脸型小，我们两个自拍，你站前面，拿相机，刚好跟大脸的我配对。"我有意引着她说，"今天天气好，太阳不大不小，很适合拍美照的。我想你了……"

"老师，你不是在早读吗？我知道今天早读你是在我们班。我不想去学校了。"

"我把你的课桌放在我办公桌旁边，想你了，就看看你的书。我们都想你了，放不下心也不舍得！"

"老师，我不想去学校了。我去收拾东西时会给你打电话。"

显然，这次通话没有给我想要的答案。

下午，我早早来到办公室批改学生的试卷。"报告。老师，我来收我的书回家。"真的是很突然，罗同学居然直接来了。"老师，你不是说要拍照吗？趁其他老师没来，我们自拍？"

说自拍就自拍。自拍后我邀请她帮忙批改作业。高三老师总有改不完的作业，同事们调侃我多了个小助手。没有人注意到，她低下头，嘴角逐渐弯起，那对好看的睫毛轻眨了两下，像是夏夜鸣蝉的翅膀。

现在我想起来，她一开始也是一个甜美爱笑的小姑娘，只是每次考试出成绩后，她不说一句话，脸阴沉沉的；后来，又不知道从哪传出她心理有问题，同学们的态度慢慢地变了，值日的同学下意识地避开了她的位置，就连小组长收各科作业时都不主动去收她的。他们把她隔绝在了班级之外，虽然没有直接的语言和人身攻击，但这样的冷暴力往往更让人崩溃。人都是这样的，对于自己不了解的事情会有一种莫名的恐惧，何况是本来就不可预测的"心理问题"。大人尚且如此，何况一群十六七岁的孩子。

一天，一天……我不上课的时候，大多陪着她，她就坐在我的办公桌旁边，静静地，偶尔问问答题的要点，我们俩默契地不去涉及读不读书的话题。一周过去了，批改作业的她突然说："老师，你真的想我吗？之前我担心寒假没有进入网上学习群，会大大落后于他们，不敢来学校，我是不是好蠢啊？"我看了看她，笑了，她也笑了。"我帮你抬桌子进教室吧。"那天，正值日落，片片红霞泛起，绚烂了整片天空。

山一程，水一程，当一颗心在旅途漂泊，一句"我想你了"，恰恰是指向归途的一线光，交织辉映的，是爱，是暖，是希望。

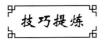

爱就说出口

有人说：教育是用生命温暖生命的过程。心守一抹暖阳，静待一树花开，每个孩子都是一粒花的种子，需要我们用独有的师爱去浇灌。

教育不是僵化的，要在千丝万缕的师生互动中，找寻学生的需要。正如罗兰所说："爱是生命的火焰，没有它，一切变成黑夜。"如何让罗同学真正感知到爱，如何把爱说出口？这是一个繁复的动态过程。高考临近，而罗同学还没来学校上课，老师多次跟她沟通，她都以"不想读书了"为借口断然拒绝。当外界的疏离与猜忌啃噬着她的内心，当寂寞的心墙日益倾颓，当个性的鲜活蓬勃渐行渐远，罗同学拒绝与外界交流，慢慢地陷入了自己孤单又冰冷的世界。这时，"我想你了"简单的四个字，直白，却是穿透罅隙的一线光亮，熔铸着我们赤诚的爱，柔软着那个拒绝融化的冰雪般的人儿。陪伴则是静海深流的爱的倾诉。我想办法留住罗同学，让她跟我"同坐"办公室。因为爱，打破了师生沟通的壁垒，最终她重归教室，回到班级。

意外的演讲

曾 琳

"老师，还是不行，我还没有准备好。"离上课还有五分钟，她走进办公室，眼睛里装满了焦虑，两手不停地翻攥着手中的几页纸。我瞟了一眼，那两张纸写满了密密麻麻的字，有很多涂改的痕迹。

"可欣，怎么回事？先别急，坐着说。"我知道坐着说会让她冷静平缓一些。

"老师，今天轮到我课前五分钟演讲了，我很想讲一讲我和父母相处的困惑，可是又觉得如果讲出来，同学们一定会笑话我或者知道我家庭关系不好。所以昨天我临时换了一个内容，但是，到现在都没有准备好，所以我……我……申请推迟到下次讲。"她抿着嘴，眼睛里满是自责。

看着那攥在手中的写得密密麻麻的纸，直觉告诉我，她昨天已经很用心在准备了，我本应该理解她并且同意推迟的，但是我懂这个女孩，已经准备好的那个演讲内容才是她心底最想讲的，只是她有顾虑。

"这个学期，看我们班同学的随笔，也有几个同学通过文字来倾诉过他们和父母相处的困惑。"

"真的？"她突然眼前一亮。

"也许这样的经历和困惑不止你一个人。老师在读高中的时候，有一段时间特别排斥我的父亲。"我无奈地摇了摇头，并轻叹一声。

"真的？"她不可思议地睁大了眼睛望着我。

接着我跟她讲了我高中时和父亲相处的一段经历，并告诉她："和父母如何相处，也许是我们很多人青春期都要面对和思考的一个问题。尝试着讲出来，让我们一起看看大家的反应好吗？"

"老师，我试试！"她的眼睛里有紧张，也有期待。

"听从内心，无问西东。"我微笑着拍拍她的肩膀。

上课铃刚好响起，她走进教室，在黑板上工整地板书"我和父母的那些事"。然后转身面向同学，紧张而又面带微笑地说道："大家好，我今天要跟大家分享的是我和父母的那些事，因为父母从小对我严格，所以我和父母的关系并不融洽……"

她的语速很快，那些话语，好似打开了阀门的流水，汩汩滔滔，不假思索地从她心底流出来。"尤其是妈妈生了弟弟后，我更加不受待见……"她低着头，眼睛里带着悲伤。看着她的身影，我蓦然发觉，往日课堂上那些频频提及的渲染和烘托是多么苍白无力，生活里，当真情冲撞奔腾，当灵魂叩问沉吟，当言语披着思想的嫁衣款款而至，这明明就是另一种华丽的铺陈。"我其实是很怨父母的，但是我又极力在他们面前表现得很好，所以我内心很痛苦。可看了《鬼妈妈》这部电影后，我开始理解他们，弟弟也变得不再那么讨厌……"

五分钟，忧郁而伤感的五分钟，深情而激昂的五分钟，那是一颗心的奔徙，在寻找一个温暖的栖息地。她的演讲一结束，赢得了全班同学的掌声。她如释重负，眼睛扑闪扑闪的，带着不可思议式的愉快走下了讲台。

教室里，有晶莹的光亮在闪烁，可欣的话语像一股火苗，点燃了同学们要说点什么的热望。果然，点评环节，我观察到举手的同学比平时要多。一个平时内敛不轻易说话的男孩也举手了，虽然坐在教室角落里，但我还是一眼看到了他。

"小延，请你点评。"

"老师，我恨我的父母。"他哽咽着，眼圈泛红，欲言又止。

我有些吃惊，但是孩子能够举手，能够说出这句话，说明他想倾诉。

"小延，尝试着像可欣一样说出来，也许我们可以帮你分担一些。"

"从我记事起我父母就远在广州做生意常年不回家，所以我是恨他们的。只是每次过年回来，他们又给我买我最喜欢吃的、给我带那些没有用过的高科技学习用品，所以我又很感谢他们。但他们一走，我更恨他们了，因为期待更多，失落就会更多，所以我和我父母之间话很少。"

"你尝试着站在父母的角度去想想他们为何要去广州做生意，而且常年不回家。"

"也许因为我们家有三兄妹，奶奶身体又不好，父母一直想让我们几个好好读书……老师，我好像对父母有了一些理解和释怀。"

"父母如果能及时知道你内心想法的话，也许会理解你，或者做出一些改变，你也可以像今天一样说出来，去告诉他们。"

"老师，我知道怎么做了，谢谢您。"

我拍拍他的肩膀让他坐下。

一个女孩眼睛亮亮的，把手举得老高老高，然后迫不及待站起来了。"老师，我也要分享我的家庭故事，我觉得我父母是很聪明的父母，大家听了我的故事后可以回家去告诉你们的父母，让他们也变得聪明。"还没说完，她已经咯咯地笑了。"我也有个弟弟，但是父母总是维护我，并且教育弟弟男孩子要好好保护女孩子，将来才会成为真正的男子汉。在家里，爸爸也很尊重妈妈，所以我很喜欢待在家里的感觉。"她又情不自禁地笑了，眼睛里一直开着亮亮的花。

我发现这次点评很特别，同学们已经抛开平时对演讲者演讲技巧的点评，而是分享自己与父母相处的故事；我发现当老师为他们创设一个轻松有爱的氛围时，他们的话很多；我发现举手想发言的同学由五个变成十个，变成二十个……这次意外的课前演讲，已经完全打破我的课堂计划，但是那又如何，就让这堂课成为学生倾诉和表达的一堂课吧！

接下来，有的学生倾诉父母离异后自己的孤独与坚强，有的讲着讲着就陷入沉默，有的说回家喜欢锁门是因为没有安全感，有的说终于在读高中时能和父母团聚，有的心疼父母的劳累……大家说着说着就哭了，哭着哭着就笑了……

孩子们的交流，也触发了我对自己的思考，自己做孩子时和父母的相处，自己做母亲时和孩子的相处，有快乐，有无奈，有愧疚……

下课铃快要响了，我感受到了学生眼中的意犹未尽，但我及时作结："谢谢可欣今天的演讲，谢谢大家的分享。同学们，其实你们是第一次做孩子，父母也是第一次做父母，所以我们在彼此的相处中会有很多慌乱和不如意，但是爱和时间会让我们理解彼此。我们以后和父母相处，如果也像今天的课堂上一样，打开心扉，真诚地沟通，说出内心深处的想法，我们的理解就会来得更早，我们的爱与温暖也会更多更长久。"

全班响起热烈的掌声。走出教室后，可欣追上来了："老师，谢谢您！"然后向我深深鞠了一躬。

"可欣，老师也要谢谢你，今天这节课，你和全班同学也是我的老师。"

我们彼此笑了。这堂课，意外不断，却如此真实。

技巧提炼

打开了心扉，就不必急于关上

这是一堂意料之外的课，而且课堂里也生成了很多的"意外"。演讲的女孩内心有话想说，但是因为心有顾虑想要退却，我选择的不是同意她的请求，而是通过情感共鸣鼓励刺激她不要急于关上自己的心声之门，而是大胆地去表达，去挑战，最后她的演讲出乎意料地成功。女孩的演讲激发全班同学的倾诉，以至于打乱了我的教学计划，但是我明白，"失之东隅，收之桑榆"。生活的精彩常常在不经意间怒放。此刻打开心扉的他们比我的教学计划更重要，所以我选择了呵护他们突发的情绪和情感，使他们在集体的倾诉中能够更深地思考自己和父母的关系。

一个被情感缠绕裹挟的人是苦痛的。课堂里，当孩子想要打开心扉，或者已经打开心扉的时候，我们不必急于关上他们的心声之门，甚至可以帮助他们将这扇门打得更开，和过往的困扰挥手告别，使他们对前行的路不再惧怕。那些尘封的话语不妨哭着或是笑着说出来，那些沉重的行囊不妨清空，轻装上路！于是，那照进来的阳光，会更多，更亮！

当青春撞了一下腰

张安平

"一夕轻雷落万丝，霁光浮瓦碧参差。"正在上晚自习的我，轻吟着秦观的《春日》，欣赏着窗外的雨景，想象着：明天，晨雾薄笼，碧瓦晶莹，春光明媚。一节课的时间就在我的畅想中，像长了玫瑰色的翅膀一样飞走了。

"张老师，刚才你班好几个女生在厕所边围观一个男生！"

一声惊雷在我耳边响起，第一节晚自习刚下课，一个女生便气喘吁吁地跑来向我告状。我有点不敢相信，但却又是事实。

原来，晚饭后，班上三个女生在操场边的跑道上散步时，看到草坪上有男生在踢足球，偶然间发现其中一个男生球踢得好，还长得比较帅，便聚在一起议论了一阵子。晚自习第一节下课，班上的一个女生意外发现那个男生正往厕所走，于是产生了好奇。

我把这三个女生叫到办公室，她们低垂着头，时不时用惊惶的目光看我一眼。我好笑又好气地看着这三个孩子：其中两个穿着极寻常的春季长袖校服，扎着马尾，许多新生的短发悄悄地刺了出来，有点乱，正青春的她们，连头发都是那么的勃发；而另一个短发女生，在这乍暖还寒的春天里，却穿了一件 T 恤外加一件格子衬衫，衬衫右边的下摆有一角还塞进了裤腰里，正是大街上那些时尚女孩的潮流穿法。

她们看起来还满脸的稚气，却已经有了爱美、追求美的意识。我深深地意识到，我的孩子们已经长大了！十二三岁的少男少女们，随着青春期的到来，生理和心理都发生了一系列的变化。他们开始关注异性，渴望接触、了解异性，甚至可能萌发对异性的好感或爱慕之情。这是正常、自然而又美丽的事。我失职了，作为班主任，我居然忘记了告诉他们——已经长大了！

我看着衬衫女生说："你这种穿法真酷！"她不好意思了，赶紧小声地解释说是因为衣服太长了，随即把衣角扯了出来。衣服确实是长了些，我帮她把衬衣最下面的一粒扣子解开，将下摆系成蝴蝶结。接着我从抽屉拿出一对刚买的蝴蝶发夹，分别给另两位夹上。打量着眼前的三个孩子，我满意地说："这样整整齐齐的多好！我的姑娘们长大了。你们真美啊！"她们默默地低着头，红着脸，脸颊上带着浅浅的红晕，明亮的双眼像是一弯晶莹的月牙。

春天来了啊！某些浅淡而恼人的情绪，在这满校园的雨丝里，慢慢氤氲生长，一点点发芽。她们平常是那么的乖巧可爱，却因为青春萌动做了一件如此不理智的事。而这，不正是岁月的馈赠吗？那一往无前而又莽撞的年华都属于青春！

对异性的好奇，是每个孩子成长经历中必经的历程。她们用不理智的方式宣告了自己的成长，不算是大错，而是张扬地表达了自己正青春。如何引导学生理性地渡过青春之河？长篇大论的教育或许不合适，我斟酌着言语："你们知道吗，昨天其他班的老师还说我们班女生最讲文明礼貌！"她们慢慢地抬起头，半信半疑地看着我。我继续说："真的，你们平时确实很乖巧懂事，为班上争光了。不过今晚你们做事冲动了。长大的姑娘，要学会思考，什么事能做或不能做。当然，老师我也有不对的，没有给你们讲那些你们想要了解的事。"

回到教室，我面带惭愧，向孩子们道了歉，告诉他们忘记给上生理课了，并且补上了这堂人生中不可或缺的课。我望着全班五十张富有个性而又充满灵气的脸，说道："孩子们，你们长大了！如果要老师文艺一点说，你们从以前的小苗苗长成了一棵棵小小树……"同学们没等我说完就笑了。"长大了，就要学会承担长大的责任。请用理智之帆指引青春的航程，在青春的花期里，收获朝气蓬勃。"习习凉风，透过敞开的门窗，有些青春的故事，带着少男少女们美好的期盼，悄无声息地，一点点氤氲、发芽……

每一个选择都会决定一条道路；每一条道路都有不一样的风景。我希望孩子们的生命长河，快乐是底色。同学们喜欢哼唱《你笑起来真好看》，这首歌纯真干净又轻松欢快。后来，我便在班上举行了一次歌唱比赛。"你笑起来真好看，像夏天的阳光，整个世界全部的时光，美得像画卷……"年少时期的一个眼神、一句话、一个笑容，往往能发酵成最甜蜜的愉悦，就像那缤纷炫彩的泡泡水，风一吹就飘起，简单而纯澈……

远目随天去，"红绿扶春上远林"，置身春日的孩子们的世界，有春之色的绚烂，有春之味的浓烈，有春之声的和悦，更有春之心的勃发。

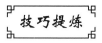

顺应孩子的成长规律

青春期的孩子，成长却不成熟。少男少女们因青春萌动而莽撞地做了一件不理智的事，实属正常现象，理应把它看作是孩子在成长路上的追寻和探索。这个年龄的孩子敢想还敢做，渴望被关注肯定却最敏感，他们需要的是平等、认同、鼓励，需要老师的正确引导。我给孩子的衣服系个蝴蝶结，帮孩子整理好头发，用实际行动告诉她们什么是真正的美，帮孩子树立正确的思想观念：长大了，就要学会承担长大的责任，学会理智地做事。

青春期，满溢着清晨露珠的鲜灵，春与夏的笑语，花与叶的欢欣，那么，就静待他们渐次的生命觉悟，参与他们热烈的理想寻求，分享他们刹那的启示与彻悟的神奇，陪伴他们自觉地调剂、整理、修饰和成长。

尊重热爱，让它一苇以航

蒋冰芝

"我不喜欢读书，我只喜欢音乐、动漫、游戏，如果不能学我喜欢的东西，我就什么都不学。"小严跟他妈妈咆哮道。

"除了读书，其他的你想都别想！"顾妈妈的眼神严厉，语气严肃而不容置疑。

小严，在大家的记忆里，他只拿最新款的手机，只穿最新款的鞋，校服里面藏着当季最新款的衣服，他9门科目加起来不够400分，数学永远考不过60分，是年级有名的睡觉王。

他很喜欢打游戏，却在美术比赛中多次斩获奖项，他很帅气，却很难管教，这是我对他的最初印象。

"好，你不让我做我想做的，我就什么都不学！"年轻的脸上透露着不容侵犯的倔强，虽然稚气尚未从脸上褪去，言语中却藏着刀砍斧削般的锋利。

"真是一个有个性的孩子。"我摇了摇头心里叹息道。

在当时的文科班，这些特立独行、放荡不羁的孩子，经过寒来暑往的几次交流碰撞、切磋摩擦之后，一般都会臣服在制度之下，收敛住自己的小性子。对他的狂放之语，我一笑置之。毕竟，在十几年的教师生涯里，我遇到过许许多多从小就习惯了被安排、被驯服的孩子。

所以，当时的我听到小严的豪言壮语也只是笑笑。因为我相信，在时间的浸润下，不久之后校园里会多一个听话的孩子，努力的学生，跟高考奋力角逐的战士。

可是，事情并未朝着我预期的方向发展。几次交手之后，小严不闹了，他三缄其口，不问世事，那个眼睛里迸发热爱的少年消失在了人海。跟他谈心，他默默不语；与他交流，他不予回应。他变成了一个听话的孩子，虽然依旧棱角分明，但是眼睛里没有了神采。如果为了考学，而失去一个憧憬未来、意气风发的孩子，这是我不愿见到的。

生活在日常琐碎中打滚，时间却在暗流涌动的野心里放肆狂奔。看似平静的高二时光在一环扣一环的大小考试中接近尾声，不料这平静却在一个午后，随着小严妈妈的到来被打破了。

"蒋老师，我家严严……他……他不见了！"小严妈妈泣不成声。

听了这话，我心里一紧，但还是尽量安抚道："小严妈妈，别着急！他有没有留下什么纸条，或者有没有向其他人透露过什么消息？"

"没有，什么都没有……"他妈妈一个劲地摇头。

"您先别哭，我问问班上同学有没有人知道情况，再好好想想他最有可能会去哪里，我们分头去找。"我迅速做出安排，神经紧绷起来，心里暗自祈祷千万不要闹出什么事。

我开着车在街上慢慢转着，眼睛盯着来来往往的人，期待人群中突然出现那个面容干净却桀骜不驯的少年。

最终，我在网吧的某一个角落看到了那个在游戏里杀红了眼的少年，那一刻，突然很心疼。

"老师，我真的想学音乐，不学音乐，我就不回去。"少年的眸子明亮犀利，但当你靠近，又有拒人于千里之外的疏离感。

"可是你美术获了很多的奖，更容易考。"我尝试开导他。

"老师，我不喜欢，我宁愿考不好，我想死，可是我不敢。"看着他颓丧而绝望的眼神，听着他无力吐出的狠戾话语，我的心咯噔了一下，我们为什么就是不能接受孩子的这份热爱呢？

不可否认，在这个万物皆内卷的时代，执著于自己所热爱的专业、开创的事业，真正享受生活成了很多年轻人的奢望。社会上功利主义甚嚣尘上，年轻人觉得有价值、想追寻的东西，一旦不符合"实用主义"标准，便可能被贴上"不务正业""不合规矩"的标签。

正如乔布斯在斯坦福大学演讲时说过的那句话："能够遵循自己的好奇

和直觉前行，后来被证明是多么珍贵的事。"人生百年犹如一瞬，弹指一挥，俯仰之间沧河日月也渺如微尘。将热爱当作信仰，这样才算勇敢的人，才会拥有完美的人生啊！

想到这里，我重重地锤了锤手心，做出了决定："小严，我支持你的喜欢！"

"真的？"他不敢相信地向我确认道。

我慎重地点了点头，他的眼睛刹那间迸出了耀眼的光芒，就如那天的阳光一样，那一刻，我知道，曾经的少年又回来了。

我们以两个月为期，我做担保人，与他的父母签一个互不干扰的约定，他必须用行动证明他选择的正确——若赢，一苇以航；若输，就愿赌服输。

在那之后的六十天里，校园的孔子像下多了一个练声的身影，学校的琴房里多了一个练琴的背影，老师的身旁多了一个经常问问题的学生。从初见的乖张跋扈，到再见时的砥砺奋进，少年用对音乐的热爱，以实际行动来为自己打拼一个想去的未来。

一年后，他考到了广西一所大学，数学高考时竟也及格，这或许就是坚守热爱的魅力。

现实生活中，裹挟与暗示超越了激情与理想，太多人为现实而非热爱而活；而在教学生涯中，我们大多以长者的身份，权衡利弊，给孩子一个最好的可能。只是，正如小严说的，他从五岁开始学习美术，一路披荆斩棘、过关斩将，获得了很好的奖项，或许他可以此在考场上一骑绝尘、笑傲江湖，可他不愿意。

是的，无论是选择繁花似锦、绝美夕阳，还是选择荆棘小道、阴阴夏木，都遵从内心的"我愿意"。

诚如爱因斯坦所言："对一切来说，只有热爱才是最好的教师。"我们要做的，就是尊重他们内心的热爱，接纳他们对人生的决定，呵护他们的初心，让这份初生牛犊不怕的勇气一苇以航，素履以往。

接纳学生的喜欢

教育赐予了我们获取建构未来幸福生活的能力。这种"在苍白或富有的人生里获得幸福的能力"就是"学会思考与选择，拥有信念和自由，葆有热爱与好奇心，始终坚守自己的初心"。

如何让学生"葆有热爱与好奇心"是每一位教育者必须思索的问题。我想，"接纳"与"尊重"是其必要的一环。接纳学生的喜欢，接受学生的选择，允许他们打碎自己既定的轨道，这既是对学生勇敢选择的莫大肯定，也是对学生内心热爱的有力保护。案例中小严敢于放弃看起来一帆风顺的美术之路，坚定选择内心向往的音乐人生，当我给予支持时，他眸子里闪耀的光芒告诉了我们热爱被接纳时的美丽。尊重学生内心的热爱，还需我们坚定的陪伴。当他们在自己热爱的事情里披荆斩棘、素履以往时，我们坚定地站在他们身边陪伴，守望他们去探索未知的人生路，相信他们会走得更加稳健，更加从容！

奔赴，为一场美的邀约

唐　蕾

我的学生贝贝最近变了……

"唐老师，贝贝今天又化妆了，你知道吗？"学习委员下课时神秘地凑到我的耳边轻声说。

"唐老师，你可得管管啊，最近班上好几个女生在她的带动下都开始涂口红、抹指甲油了，这样会影响学习的！"

顺着学习委员手指的方向，透过窗户，我默默地看着人群中的贝贝。她披散着头发，浓密的刘海遮挡着清亮的眼眸，厚厚的脂粉掩盖了光洁的皮肤，鲜艳的口红削减了少女的纯真。刻意雕琢的妆容，略显成熟的着装，让她在学生群里显得格格不入。

回想起半年前，我刚刚接手这个班时，贝贝留给我的感觉是大方朴素、开朗自信：一头利落的短发，一脸纯真的笑容，一身简单的运动装，袅袅婷婷，像一棵春天的小树苗。那时候，她学习很努力、很积极，回答问题声音响亮，作业本字迹美观，运动场上身姿矫健，文艺汇演歌喉嘹亮。可现在呢？……这让我对她的认知越来越模糊，这中间到底发生了什么？我又该怎么把这个原本纯真的孩子找回来呢？

我拨通了家长的电话，我弄清了贝贝发生如此变化的缘由。贝贝在父母离异后，独自跟着爷爷生活。一个没有父母陪伴的孩子，在爱的匮乏感的驱使下，想要寻求关注，寻求爱，常常会有一些怪异的举动。

但青春期的孩子对于什么才是真正的美，却常常会误解，甚至走上极端。为了让这懵懂的孩子正确理解美的含义，我决定尝试上一堂美育课。

周五的主题班会如期而至。这一天，我特地素颜出镜。一天的劳累疲倦清晰地刻在晦暗的脸上，走上讲台的我想来应是憔悴得很。我在黑板上写上一个大而醒目的"美"字，一转身，就迎上了同学们惊讶的眼神。

我素颜的样子，在孩子们的内心里，引起了一阵骚动。

"同学们，今天，我们以'美'为主题，请大家回顾自己的生活，分享你身边最美的人的故事。"我微笑地看着大家，迅速地抛出我的问题，以期转移同学们的注意力。

大家立刻你一言我一语地说开了，他们在记忆里搜寻着、分享着让自己动容的美的人。

"我的妹妹最美了！她两岁多了，每天放学，她都会在家门口迎接我，老远就甜甜地叫着'哥哥、哥哥'，看见我就高兴得手舞足蹈。红苹果似的脸蛋特别惹人爱……"轩轩的言语里满溢着对妹妹的怜爱。

同学们听着轩轩兴奋喜悦的描述，一脸的羡慕。

"妹妹的美，就是一种纯真的美，她眼里心里，都盛满了对哥哥的爱。"我把"纯真美"板书在黑板上。

"我觉得我的妈妈最美！妈妈每天起早贪黑，早出晚归，一个人打几份工，有时候我们都睡着了，妈妈才回来……"佳佳细数着妈妈的辛劳，缓慢的声音里、眼角泛起的泪花里，有对妈妈的心疼。

"佳佳妈妈，为了给佳佳更好的生活，不辞劳苦，夙兴夜寐，妈妈为美好生活奋斗的样子最美！而佳佳看到了妈妈的付出，心怀感恩，这也是一种美！"

"我认为我们班晓晓最美，她学习非常努力，每次我们碰到不会做的题目时，她总是很耐心地给我们讲解，有时候，讲一遍，不懂，她不厌其烦，直到我们听懂。"

"那些保家卫国的战士们最美……"

"默默付出的科学家们最美……"

……

同学们畅所欲言，各抒己见。不一会儿，黑板上就写满了同学们眼中的美好：纯真之美、奋斗之美、善良之美、朴素之美、感恩之美、奉献之美……在同学们的描述里，我看见了他们发自内心的坦诚和钦佩，也看见了他们心底的美好！

"同学们，你们觉得——老师——今天的样子美吗？"

我话题一转，俏皮地向同学们发出了灵魂拷问。同学们有些措手不及，刚才还热烈地讨论，一下子全都缄口不言了。

"老师，你……今天……没有化妆。样子没有以前好看，但我们都非常喜欢你。"一向大大咧咧，快言快语的倩倩首先打破了沉默。

"老师，你无微不至地关心我们，我们都喜欢你。""老师，你知识渊博，讲课生动有趣，我也喜欢你。"……

倩倩的话打开了同学们的话匣子，同学们争先恐后地向我表达他们的喜欢。

佛印说，心中有佛，看万物皆是佛。同学们溢于言表的告白，让我看见了他们心底的良善和智慧。

我用红色粉笔把黑板上的"美"圈起来，然后总结道：

"爱美是人的天性，不分年龄，所以，如果你也爱臭美，不必躲闪。但每一个年龄阶段，都有不一样的美，就像一年四季，四时不同，风光各异。

"老师因为年龄的缘故，不得已略施薄妆。如果老师是你们这个年纪，拥有细腻的肌肤，明亮的眼眸，健康的肤色，哪里还需要多余的化妆品呢？即便老师化了妆，也没有你们的气色好，没有你们光洁靓丽。你们的美丽是健康、是自然、是纯真、是蓬勃向上，这些都是造物主恩赐给同学们的青春，是你们的特权。

"今天，老师没有化妆，但同学们依然喜欢我，你们的喜欢，与外表的美丽与否无关，关乎内在的品质之美。一个人的容颜会老去，但一个人高尚的品质却会持久地散发魅力。因此，我这个年龄阶段，美是一种沉淀，一种涵养，一种品格。

"同学们，靠化妆来掩饰不再的青春，离你们还远着呢，这种美，是一件不必急于求成的事。造物主给予了青春不必修饰外在的时间，是为了让你们去充实内在，等我们青春不再，没有美丽的皮囊时，也能时刻散发美丽的灵魂。……"

我看向贝贝，贝贝也看着我，秀美的眼睛里闪耀着异样的光芒。

下课后，我拨通了远在外地的贝贝妈妈的电话，在我努力地劝说下，贝贝妈妈终于答应我回到本地陪伴贝贝，我悬着的一颗心也终于放了下来。

当新的一周来临，我踏着晨光走进教室，看见了贝贝干净的脸盘，光洁的额，还有那清清亮亮的大眼睛。我悄悄递给她一张小纸条："今天，你真漂亮！"

技巧提炼

给学生开开精神的小灶

美无处不在，然而美却需要人们用智慧、知识、经验积蓄而成的心力与眼力，去寻找，去发现。寻找那撼人心魄、启人心智的美，在发现美的历程中净化心灵，提升境界。美育是教育的重要组成部分，教育者之所以与美育亲如手足，不能与美育有一时的分离，正在于教育的过程中每时每刻都在发现美，从而使教育有了清新之气，有了空灵之趣，有了灵魂之激活，并且因这美而获得境界的提升。

当一个人在失意时，孤独时，忧伤或悲哀时，我们会特别眷恋这个世界的美好。那寻美的历程，处处有绿荫清泉，可以使我们焦灼的心灵得到滋润。文中的学生因为父母离异，觉得自己被遗弃，被冷漠，试图用外在的打扮来寻求关注，却因为没有正确的指引而走向了寻美的迷途。这时，我选择为她打开精神的小灶，给她提供培植人格、滋养心灵的美丽沃土，给她以温暖，接纳她，庇护她。

同时我又想：老师平时打扮是不是影响了学生？

我在春天里想到的

蒋佳新

上午给孩子们上了作文课，主题是教学生写自己的成长故事。我迫不及待想看看教学效果，于是放弃了午休，撑开略有些疲惫的双眼，打算看上几篇作文。

随手拿起最上面的一本作文本，封面上赫然画着我不太看得懂的类似骷髅的图案，下面歪歪斜斜地写着小东的名字。打开作文本一看，一如既往的几行干瘪潦草的文字，我不禁重重地叹了口气。

小东是这个学期转学来的孩子，性格很内向，经常一个人坐在座位上发呆，很少跟同学进行交流。课堂上也听不到他回答问题的声音，老师看着他的时候，他会像触电一样马上低下头，从来不敢正视老师的目光。入学考试和上一次的单元测试，都只有 40 多分。

我联系过他的家长，了解到他的父母一直不在身边。到了周末，其他孩子都回家了，班上只有他一个人留校。长期以来，缺少亲情，他的世界里更多的是孤独和寂寞，加上学习基础很差，强烈的自卑感让他变得沉默寡言。

为此，我找他来办公室谈过许多次。一开始，他都低头不语，不敢看我的眼睛。为了消除他的紧张，有时我会先跟他说笑几句，然后再问他一些事情，他也只是简单回答几个字，气氛总是很拘谨，很尴尬。

想来他与我还不够亲近，我没能打开他的心房。我的目光再一次从作文本上滑过，我想还是应该再努力试试，也许这一次就不一样了呢。

于是，我又一次将他叫来了办公室。

我还没开口，他似乎已有些心虚，低垂着头，双手紧张地扯着自己的衣角，肩膀费力地缩着，从侧面看，似乎窝成了一道半圆的弧线。他那无所适从的样子看得我莫名有些心疼，我没有说话，把他的作文本推到他的面前。他马上明白了，语无伦次地嗫嚅着："老师，我知道你很关心我，但是像我这样的……读书是读不好的……"他的头埋得更低了，结结巴巴几乎说不下去。

向阳而生，是自然界生物的本能，那峭壁上破岩而出的苍松，那干裂的土地罅隙里迸发生机的幼草，无不给予人们生命的启示。这个年龄的孩子，就如一颗透明的水滴，本无色，只要有一个合适的时间，恰巧与阳光相遇，定会折射七彩的光芒。而我，此时要做的，是帮他把阳光引过来。

无意间，我想起了在家乡后山上看到的一根早笋。小小的竹林里，一根幼小的竹笋经不住蒙蒙春雨的召唤，顶开了头上的几块碎瓦片，钻出地面，它倔强的身姿，在周遭几根垂暮黢黑的老竹子面前，显得分外稚嫩。眼前站着的孩子，不正像那株刚冒出地面的小竹笋吗？自卑的阴影笼罩着他，他的心里仿佛压着重重的瓦片，他正在寻找自己成长的春天，需要温暖和振奋的力量。

我打开手机，找到抓取的早笋图，微笑着看看他："小东，你来看看老师拍的这张照片，感觉怎么样？"

他看了一眼，一下子说不上来，眼神躲闪，显得非常不自信。

"请你再想一想！"我鼓励他，让他仔细看，希望他有所发现。

过了几分钟，我又指了指那张早笋的照片，他看了很久，说："这笋子好小……"声音很小，但我还是清晰地听见了。

"是的，它很弱小，但是我竟然有点佩服它，我一时也说不清楚这是为什么。小东，你帮老师想想为什么佩服它吧。"

"很勇敢。"这次他回答得很快，尽管声音还是不大。终于开始表达自己的想法了，我不由得有点欣喜。

突然想起，学校旁边的空地上也有一小片竹林，说不定也能看到刚冒出来的小竹笋，于是我牵起他的手，想带他出去走走。几分钟后，我们一起来到那片不加修整的原生态竹林，仔细搜寻，竟然真的发现了几根小笋子，其中有一根被拔断了，隐约现出笋的根部和残留的枯黄的笋衣。

看着这些刚钻出地面的早笋，他似乎也放松了很多，跟我说了很多想法，并不连贯，其间偶尔还会低下头，有点不好意思。我欣慰于他的细微变化，说："这早笋虽然弱小，虽然不知道钻出泥土后将面临怎样的世界，也不知道是否会有被拔掉的风险，但是它仍然积极、勇敢地钻出来了，就凭这一点，我也是佩服它的。"

一阵风吹过，竹叶随风飘动，发出好听的声音。我再次看看小东，我笑了，他也笑了。回去的路上，我问小东能不能结合今天的所见所思，将作文重新写一写。他迟疑了一下，肯定地点了点头。

第二天一早，小东兴奋地来找我："蒋老师，我将过去学习上的种种困境和自己现在的想法都写进去了，我数了数，差不多有800字，就是不很连贯，我先改一改再交……"

小东的话，让我如释重负。我知道，他已经能勇敢面对自己，更让我意外的是，他是能对自己的作文的好坏做出简单判断的。

看着小东远去的背影，我不由得微笑起来……

一根竹笋，本有萌发的愿望，一个合适的时机，一种适宜的温度，春雨的浸蕴，春雷的召唤，都会是早笋破土而出的理由。在教育的园林里，作为老师，重要的是帮学生早一点把阳光引过来。

技巧提炼

生活即教育

生活，是心与世界的碰撞。生活中的教育，用书之智不在书中而在书外，全凭观察得之。正如泰戈尔诗中所描绘的那样："以前，我没有读懂你的暗号，浅浅一小勺的尘土就能把暗号遮蔽。现在我成长了，我能穿透前方的障碍物，看到它的容颜。"

自然界的每幅图景，常常在无言地启示着人们的生活和理想。教师要善于从中得到启发，领悟教育之道，并将之运用到教学中来。当教师的觉醒提到了寻求一种更深沉的人生态度和生存哲理的高度，那自然景色也会成他的教材，成为引领学生积极探索生活与志趣的教科书。此时，所遇、所视、所听皆充满了生命和情意。教师要做的，是带着学生冲破重重阻碍，走向生活，拥抱生活。

那只与众不同的手

蒋会太

　　每到九月开学时节，炽热的暑气还未散尽，白白的日光直射着校园，空气里腾起一股股热浪，熏得人喘不过气来。放眼望去，校园里人影绰绰，摩肩接踵，上演着光色炫丽、鼓点激昂的出征曲。家长们停下手上的工作，有从办公大楼请了假出来的，有从外地赶回来的，他们提着包儿，背着袋儿，拖着鼓鼓囊囊的箱儿，手里牵着粉嫩温糯的小人儿，在白晃晃的日光下，自觉地排了长队，办着入学手续。

　　最挤、最拥堵的地方，是一年级的新生报到处。年年如此，八年前的那一天，自然也如此。

　　那时，我担任一年级三班的班主任。开学的第一天，照例是学生报名注册，那是我与孩子们的第一次见面。长长的队伍中，家长牵着孩子的手，描绘着可期的未来。焦急和期待，写在家长们汗水涔涔的脸上；好奇和兴奋，流溢在孩子们亮晶晶的眼睛里。

　　队伍中，一位衣着朴素、满头银发的老年妇女，进入了我的视线。她一手拿着扇子，一手紧紧地牵着一个小男孩。小男孩的另一边是一个三十来岁的男子，男子牵着小男孩的另一只手。小男孩剪着一头时尚的发型，扑闪着大眼睛，甚是惹人喜爱。老人一边给孙子扇着风，一边不停地向前张望着。

　　终于轮到他们了。"多可爱的孩子，叫什么名字？从今天开始就是小学生了，老师想知道你叫什么名字，自己来写，好吗？"我微笑地看着眼前的小男孩，亲切地说。这是我接手一个新的班级，了解学生的第一步。

　　"老师！我来写吧！我们家政政以后要靠老师您多费心，多教育了。"我的话刚说完，奶奶一边尴尬地笑着说，一边迅速地从我手里拽过笔，抢在中年男子前面代写着报名表。

"老人家，还是让孩子自己……"我有些纳闷，刚要阻止，却在那位奶奶放开孩子的一瞬间，瞥见小孩垂下来的那只右手。

那是一只看上去仅有两个手指头的手。大拇指和食指粘在一块，其余三指长在一起，看上去只有两个手指头，像一把张开的永远合不拢的剪刀。那一刻，我明白了老人紧紧牵着孩子右手的缘故，也读懂了老人眼里的担忧。

我把视线收了回来，自然到没有露出半丝诧异。很多时候，人们不是倒在各种不可预见的挑战里，而是沦陷在周围的人们异样的目光里。

"我家政政马上读一年级了，我家政政……"老人的言语里满是宠爱。

"瞧，小孩多可爱呀！奶奶说的对，从今天开始政政就是一年级的小学生了，就是小男子汉了……"我忙接过奶奶的话，一边抚摸着孩子的小脑袋，一边鼓励着他。

报名后，男子带着小男孩先行离开，奶奶却默默地坐在教室的角落里，直到最后一位家长离开，老人才慌忙走过来，心忧地告诉我，孩子生下来右手就这样，但家人对孩子视若珍宝。原来，奶奶默默地在一旁等待，是担心孩子会遭人嘲笑，受到伤害。

那一天，开学工作进行得很顺利，但奶奶的话却一直回荡在我的耳边。奶奶和父亲共同陪伴孩子来报到，一举一动，都尽显对孩子异常的呵护和担忧。我该怎样面对和教育这个孩子，我该怎样接过奶奶的重托，化解老人的担忧呢？

我想起了儿子波，哪一个孩子不是父母的心头肉？哪一位爷爷奶奶不宠爱儿孙？每一个孩子，都是全家人的期望，每一个孩子身上，都承载着一家人的厚爱。

"请问是政政的家长吗？我是孩子的班主任，明天您带孩子上学，我在学校门口等您吧！我牵着孩子的手进教室。"晚上，我拨通了孩子奶奶的电话。

第二天清晨，我早早地守候在学校门口，兴奋的孩子们在大人的陪同下，像一只只欢快的小鸟，一蹦一跳地来到学校。

政政一家也如约而至。简短的交谈后，我从老人和男子的手中接过孩子，牵着孩子的手，走向教室。

"政政，可以帮老师一个忙吗？今天是第一天上学，可以帮忙把教室再打扫一遍吗？"

"好的，老师！"政政笑着爽快地答应了，纯真的笑容里只有简单的快乐和欣喜，看不见一丝的胆怯和担忧。我知道，那只不一样的手，并没有给孩子带来阴影，家人的呵护备至，让政政的心灵一片明媚。可是今天，政政面对的是一群素不相识的同学……

"老师，快过来，你看他的手，怎么和我们的不一样呀？"政政在扫地的时候，一个调皮的男生像发现了新大陆一样大声地惊呼着，一群小脑袋一下子都围了过来，好奇地看着政政的手，然后都把目光看向了我，他们期望老师能解答他们的困惑。

这一切都在预料之中，或早或晚。他们毕竟还只是孩子，他们没有恶意，只是好奇，只是还不懂得回避别人的艰难。

"我来看看……"我拨开人群，微笑地走向政政。政政有些手足无措，惊恐地、无助地站在那里。离开了家人的庇护，政政独自一个人面对几十双射过来的好奇的目光，一下子慌了神。

我蹲下身来，双手扶着政政的肩膀，温暖地看着他。我拉过来政政的小手，放在我的手心。

"这是政政的爸爸妈妈疼爱他，特意留下的印记，放学的时候，爸爸妈妈在人群中，一眼就认出了政政，这样就不会走丢了。爸爸妈妈疼爱我们，为了方便找到我们，都给我们做了印记，所以每个人都有与别人不同的地方。"我微笑着说道，迅速扫视着围过来的小脑瓜，仔细观察着孩子们不一样的小脸。

"是真的吗？"小朋友们疑惑地看着我，显然，我的话还不能解答他们的困惑。

"当然，要不然大家都长得一样，放学时爸爸妈妈怎么认得出你呢？你看你的脸上有一个黑痣，这就是你爸妈留下的记号。"

"哦，老师，你看他是双眼皮，她是单眼皮……"那个调皮的男生若有所悟似地高声说着。于是，大家都相互找起来了，果然发现每个人都不一样：有大耳朵的、有双酒窝的、有单酒窝的、有尖下巴的、有缺门牙的……同学们找啊找啊，个个都笑得前仰后合的，政政也跟大家一样，笑得那么开心，那么灿烂……

孩子们欢快的笑声荡漾在教室里，如清晨荷叶上晶莹的露珠，纯净得不掺杂一丝尘埃。

"每一个人都是不一样的，这仅仅是外表上不同；每一个人的心灵也是不一样，有的调皮、有的可爱、有的勤奋、有的乐于助人……心灵上的不同的美才是老师更加喜欢的个性。你们看，一早来到教室，同学们都忙着认识新的朋友，只有政政在默默地打扫教室，政政心里装着我们大家，想让大家在干干净净的教室里上课，政政多么勤劳啊，又是多么爱我们啊！同学们，现在，让我们一起感谢政政吧，为他颁发一朵小红花，感谢政政为我们打扫教室。他是我们班开学以来的第一位小英雄。"

孩子们欢呼着涌向政政，有的拉着政政的手，有的用双臂拥抱着政政……政政被大家簇拥着，他左看看，右看看，纯真灿烂的笑容再一次浮现在他的脸颊，盛在了他扑闪扑闪的大眼睛里。在政政的笑容里，我看见了他心底的明媚……

人生里，有太多的遇见，在最初的一瞥里，已经有了故事的开端，我会牵着政政的手，坦然地向命运做着胜利的手势，走过小学六年的长路。我只愿，世界的温柔以待，是这条主线上生生不息的弹唱，每一个初涉人海的孩子，都可以与爱相拥。

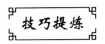

转移视线，种下自信

教师要关爱每一个孩子，特别是被上帝亲吻过的——有缺陷的孩子。对于这类特殊的孩子，我们该如何来传递这份关爱呢？

小政政右手生而残疾，且缺陷明显，这种缺陷一旦进入孩子们的视线，势必要引起大家的好奇、议论。一些天真而残忍的话也必然会打击到政政幼小的心灵，甚至影响他的一生。我巧妙地抓住孩子们的视线聚焦点，以"找不同"的方式，化特殊（缺陷）为寻常（双眼皮、单眼皮等），淡化缺陷，转移了他们的注意力，从而化解了一场入学危机，让政政免于异样的排斥和伤害。

同时我深知，真正的强大来自内心，于是引导孩子们从对政政外表的关注，转向对政政内在品格的欣赏与认同，再一次转移了孩子们的视线。由关注外表到关注品格，让政政看见了自己内在的美，从心灵上强大自己；也让孩子们明白，看一个人，更应该去关注内在的品格之美。奖励小红花的举措，是对品格美认知的强化，是对孩子们完善和培养自我品格的敦促。

心理学家阿德勒曾说："幸福的人，一生都在被童年治愈；不幸的人，一生都在治愈童年。"面对政政这个特殊的孩子，转移视线，淡化缺陷，播种自信，强大内心，构建互相爱护、互相尊重的集体，践行和而不同的理念，培养学生完整的人格，这，大概就是教育里爱的承诺吧。

风乍起，吹皱一池春水

李凯勇

讲台上，是陌生的授课老师；教室后面，坐着一群听课的老师。在这个陌生的录播室里，一群小学四年级的学生正襟危坐，寂默无声。

老师说："今天，我们学习《西风胡杨》。我想检测一下同学们课前的预习情况。两个内容：一是检测这篇文章中非常重要的词语；二是要几个同学来复述这篇文章到底讲了什么。现在开始检测重要词语，咱们请一个同学上台来听写，哪个同学上来呢？"

学生们你看看我，我看看你，悄悄把头低下去，没有一个人举手。

"有没有同学自告奋勇上台呢？"老师微笑着，望向孩子们。

学生们头埋得更低了，教室里，一片沉默。

"很害怕？还是有什么特殊的原因呢？咱们的学习委员是哪一个？学习委员来了吗？"

顺着孩子们眼角的余光望过去，坐在后排的一位女生躲闪着，涨红了脸，想要挣扎着站起来，却像被粘在了凳子上。

窗台边一个女生怯怯的声音响起："来了的。"

老师敏锐地捕捉到了这个声音，热切地望着那个女生："好，就请你上来吧。"

全班学生纷纷鼓掌，大声叫好。

掌声一次比一次热烈，女生却始终没有站起来。

"你们平时也不敢上台吗？"老师宕开了话题，站在学生们中间，俯身，笑着问。

学生摇头，抿嘴笑了，轻声说："不是。"

"那为什么今天不敢上台呢？"

"因为陌生。"有学生说。

"因为你们不喜欢我，所以才不想上台？到底是不喜欢我呢，还是因为害羞呢？"

"是害羞。"有更多的孩子回答，目光望向老师。

"老师希望你们是因为陌生，觉得害羞。如果是因为你们不喜欢我，那老师会好伤心哟！"

看着老师一脸伤心的模样，孩子们放松地笑了。孩子们看到了老师俯下身来聆听孩子的心声，鼓励他们表达真实的想法，并且感觉到了老师对他们的害羞给予了温暖的接纳。稚嫩的孩子有着善良而友好的天性，他们全然忘记了刚才的拘谨和陌生，忘记了自己是个害羞的小绵羊，只想着要好好安慰一下眼前这位期待着大家认可和接纳的大朋友。此时，他们是迎接这位客人的小主人，微笑是他们送给老师的最好回答。

孩子们开始有了笑声，身子也活络了起来，侧坐，交谈，左顾右盼，目光追随着老师的身影……教室里，正如平静如缎的湖面在暖风的吹拂下，开始有了一丝松松的皱缬。然而，要上讲台听写词语，还是没有人敢站起来。

老师微笑着，目光搜寻着孩子们的表情。一个男生侧转身来鼓励着坐在他后面的同学，他的脸上是真诚的微笑。老师走到他面前，说："请你上去写吧！"

男生自信地走向讲台听写字词，老师紧随着来到讲台，指着他对全班同学由衷地赞叹："他是我心目中最优秀的男孩，他是英雄！"

"就因为他敢上台？"有学生轻声问，不敢相信这"英雄"的诞生竟缘起于一次勇敢地站起来。

"对呀，就因为他敢上台！"老师坚定地回答，"真是不错呀，这位同学写了这么多，而且第一次上台就写了这么多词语，在我心中他是最美的！"

风乍起，吹皱一池春水。要当英雄的热望激荡着孩子们的内心，沉寂的湖水破了冰，有同学开始举手了。

"我觉得他是国宝级的人物——第一个敢举手的男孩！"

"又有同学上台了，老师心中有三美，我看谁能成为我心中的第四美呢？"……

随着课堂的展开，不断有同学举手，站起来。老师不断强化这"站起来"的举动和意义，孩子们自由而欢畅地沉浸在沸腾的课堂里。叶圣陶先生如此诠释教育的含义："无论怎样好的行为，如果只表演一两回，而不能终身以之，那是扮戏；无论怎样有价值的知识，如果只挂在口头说说，而不能彻底消化，举一反三，那是语言的游戏；养成好习惯，才可以一辈子受用。"

站起来，这是多好的品质啊！《西风胡杨》不就是一篇需要站着读的文章吗？唯有站起来，唯有勇敢自信地站着，才能读出胡杨的风骨，读出历史洪流裹挟里那中流砥柱般撑起整个江河大川的人们的大气魄，读出亿万年前就寄予在这里的中华民族的风骨！

技巧提炼

"同情"共振

这是吴春来老师执教的一节示范课。苍凉斑驳的茫茫大漠，烈烈西风中，胡杨的虬干刺向苍穹，白沙与蓝天间，胡杨留给人们的是一幅风清骨峻、醉人心魄的画。"胡杨不能倒。因为人类不能倒，因为人类文明不能倒。"教师要带着孩子们读出《西风胡杨》的风骨来，但是，胆怯的孩子是无法走进文本的情理的。教师在课堂上要有"设身处地"和"体物入微"的本领。每个学生都是一个鲜活而独特的个体，生命正如柏格森所说，时时在变化中即时时在创造中。教室里的生命场是充满偶发性的，每一个时刻都是一个具体的情境。因为陌生，因为害羞，学生不敢开口说话，不敢站起来参与课堂。教师要时刻意识到孩子有怎样的感受，这种敏锐的意识是一种智慧。而帮助孩子将他们真实的想法说出来，更需要教师具备洞察学生内心世界的能力，实现与学生内心世界的"同情"。

"'同情'在教育学意义上指的是成人从关心的意义上'理解'儿童或年轻人的情境。"（马克斯·范梅南语）具备"同情"能力就是能够分辨孩子的声音、眼神、动作和神态的细微差异表征。在与学生的交流中，老师要不断地注意到谁在认真听，谁在躲闪，谁在犹豫，谁在回应，谁在期待老师的关注，谁需要老师助力一把就可突破内心的挣扎，勇敢地表达自我。在充满"同情"的关系中，接受意见、鼓励、帮助、建议和学习指导要容易得多。一位对孩子富有"同情"的老师能够改善课堂气氛，能够及时发现问题，在学生遇到困难时也可以值得信赖。

同时，一个与学生"同情"共振的老师还能顺应学生的天性、欲望和兴趣，引导他们的本能，激发他们的正面欲望，提升他们探索世界、吸取知识的主动性和积极性。

PART 4

第四辑

教育在无言中

大爱无形，教育无垠，谁的青春不迷茫？谁的青春不彷徨？教育的智慧是尽全力去培植真善美的参天大树，不因树下的些许杂草就看不见那挺拔的树干……

雨落个不止，溪面一片烟

李苏芳

入冬时节，冷雨淅沥。傍晚六点左右，教室的灯已经全都亮了。学生们如归巢的鸟儿扑向那一片光亮，有落在后面的一两个学生湿漉漉地从寝室里冲出来，趿拉着凉拖鞋奔向教室。半个小时里在拥挤的食堂吃完饭，排上长长的队洗完澡，有的学生没有时间打理刚洗过的发，任水珠簌簌地滴落，浸湿了外套。很快，教学楼归于夜深般的沉寂。

我坐在办公室里，批改着作业。门轻轻地开了，冷风裹挟中的一个身影，瑟瑟地立于门口：

"老师，我要找我女儿，你知道她在哪个班吗？"

抬眼望去，褪色的黄外套，袖口卷着，一双黑色筒靴沾满泥水，一个中年男子走了进来，地板上留下了一串泥脚印。不知为何，来到高考补习学校任教多年，我很少见到有家长来看望孩子。许是忙于生计奔波在外，或是因为孩子高考失利觉得羞惭，或者自孩子走进校门便觉得有关读书的所有事情都有老师和学校管着，断无再去瞧瞧的道理。偶尔一两个家长报了孩子的小名来寻人，也常常说不清孩子读了几年级。

问清了名字，我从教室里找出了他的女儿。父女俩坐在靠窗的椅子上说着话。

"还是不要退学了吧？人家用两百万聘礼要和你订婚，我不拦你，但是……"

女孩低着头，沉默着，办公室里，中年男子的声音清晰地传来。

"他虽然每天开着豪车来校门口接你，那也是现在，将来呢？你不考上大学，没有本事，也是会受人欺负，还是好好读书，考了大学再说吧……"

我愕然地转过头去看着这对父女，这位接到女儿电话就从田地里匆匆赶来的庄稼人，他恳切的眼神里传达出不容置疑的确凿和真实，让人不由得愿意与他一起相信这奇异的婚讯。

灯光下，我看着那女孩，枯黄的发贴着头皮垂下来，凌乱地搭在肩上，一张朴实得让人看过便会忘了的脸，暗黄的脸上赫然布满了褐斑，她怯怯的目光盯着自己的鞋尖，不敢抬头。

我极力让自己恢复平静，轻轻问起这个求婚的男生是谁，女孩忸怩良久，幽幽地说出了一个名字。那是一个阳光帅气、开朗活泼的男生的名字，这个男生也许从未和她说过话，甚至未曾注意过她的存在，更不会带着水晶鞋驾着马车来提亲。

我让女孩回了教室，万千疑问，在这个父亲的只言片语中找到了答案。一位二十年前不堪求学重压而精神失常、辍学回乡务农被乡亲们唤作"癫子"的父亲，一位临近高考而沉浸在自己的幻象里不能自拔的女儿，办公室里，气氛凝滞而沉重。

正如《百年孤独》里的话："我们毕竟不是生来就享受孤独的。"这个十八岁的高考女生，内向，孤僻，很少与人说话，排解压力的方式竟然是深陷在幻梦里，在心灵深处的单弦上弹奏着自哭自笑的神曲。而这样的臆想症在学生群体里并非个例，有的学生表现为自怨自艾、悲观绝望，臆想身体出现各种病况；有的学生神思飘摇，把青春期的各种幻象当作真实；有的学生畏惧考试，常常自我否定，做出过激行为……

我该如何处理这个棘手的难题？

学校主张让家长把女孩领回家调养。可是，一旦回到乡村，村民们会用议论织造一张网，女孩的人生也因此重新构建，被改变、被定义。看着那个被乡亲们唤作"癫子"的父亲，我似乎看到了女孩回乡后的命运。在一个有家族病史的家庭，女孩能平安地泅渡这青春期臆想症吗？

那一瞬间，我的脑海一片空白，只听到内心深处的一个声音：救救孩子！

是的，为了拯救，为了良知，我不能放弃，必须面对。

大爱无形，教育无垠，谁的青春不迷茫？谁的青春不彷徨？教育的智慧是尽全力去培植真善美的参天大树，不因树下的些许杂草就看不见那挺拔的树干。此时，我仿佛看见这对父女正漫步在金色的玫瑰园里，只要我显露半丝疑窦，就会像那个当众揭穿了皇帝新装的小孩一样，让他们从轻盈漫步的云端，跌落在这冷雨的夜里。我不能告诉他们这是一种病态的呓语，诚实地揭穿真相是一种勇敢，但有时处理不当，其摧毁力不亚于女巫的咒语。我不能去撕碎这对父女的幻境，我只能为这个女孩搭一架云梯，建一座温暖的爱心家园，让她的心可以安放。

我留下了这个女生。为她悄悄地换了同桌，让温和爱笑的副班长坐在她的身旁，这个男生带动全班男生用友爱和宽广调和着女生的孤僻。我让班上的女生们开始约她一起散步，一起讨论学习，即使面对她不时的喃喃自语和不受控制的诡异的笑，大家也不要诧异。尽全力呵护这个渴望肯定、渴望温暖的女孩，不让她敏感易碎的心感受到任何的异常，这是我和全班同学的约定。

而我，从此牵着她的手，日夜守护，陪她走过高考，考上大学。

那个冬天，雨落个不止，溪面一片烟……

技巧提炼

给她复原一座真实的避风港

在教育的天地里，有时候"不语"也是一种教育机智。

教育的初始是真切探索"学生到底需要什么"。对于一个逃离现实、沉溺幻境的人来说，正常人眼里的虚诞幻境恰恰是他们筑建的安放心灵的避风港，他们在那个避风港里体验着各种不为我们所知的苦痛与欢欣。当一个孩子因为不愿上学而假想自己有剧烈的腹痛，也许先进的医学仪器也无法检测，但孩子却在他假想的世界里承受着异常真实的腹绞痛的苦楚。这时，你不能粗暴地认定孩子在撒谎，不能斥责他软弱、逃避，只有"不语"。

然而，"不语"并非弃之不顾，要"不语"而"为之"。正如智利诗人聂鲁达所言："让我在你的沉默中安静无声。并且让我借你的沉默与你说话，你的沉默明亮如灯，简单如指环……"有一种脉脉流淌的爱是在静默不语中实现的。那个女生患病的根由，是长期压抑的不自信，是久不与人交流的孤僻，是对释放天性的渴望。她躲在自己的幻象里寻找慰藉和温暖，寻找一份被爱的看重。此时，任何理直气壮的规劝都无异于当头棒喝，任何人的异样目光都无异于锋利的匕首，会撕碎她脆弱的伪装。我只有无言地泅渡到她的幻境里，懂得她内心的渴求，带动全班同学，给她复原一座真实的避风港，给予她真实的呵护和温暖，尊重和看重，点燃她自信的火炬，照亮她前行的路。这一场泅渡，也是生命的泅渡，是灵魂的觉解和拯救，满载着对生命的敬畏和悲悯，对个体的尊重和宽容，对善良与爱的呵护和扬启。

藏好教育中的"驴耳朵"

唐艳丽

夏日的午后，一丝风儿也没有，树枝一动不动，只有那不知疲倦的蝉在扯着长声聒噪个不停。

下午第一节是我的语文课，教室里弥漫着慵懒的味道，同学们揉着惺忪的眼睛，打着长长的哈欠，无精打采地翻着书本。

我不由地提高了声音，目光扫视全场。有一个人支持不住了，是小锋！我的目光一下就聚焦在他身上，他伪装得非常高明：右手拿着笔，时不时"写"上一笔；左手压着书，书在他的手下显得十分的"痛苦"；头却不听使唤地点一下，再点一下。其他同学也注意到了他，掩饰不住笑声："老师，小锋又钓鱼了。"我走过去，小锋的身子不由自主地晃了晃，然而并没有醒。我轻轻地敲了几下他的桌子，他受到惊吓，抬起头来，双眼布满了血丝。

我继续讲课，时不时用余光瞥他一眼，他看似很认真地在做着笔记，但就在我往黑板上写板书的时候，传来了几句争吵声。我回头一看，只见小锋如同一只刚睡醒的狮子，瞪着愤怒的眼睛，一肘狠狠地击在他同桌的脸上。同桌来不及躲闪，捂着疼痛的脸，站起来，一脚飞过去，踢在小锋的腰上。小锋马上从座位上站起来……一场激烈的"战争"已经拉开了序幕，我赶紧跑下讲台抱住小锋，在同学们的帮助下把他拉到了办公室。

来到办公室的小锋像一只泄了气的皮球，耷拉着脑袋，眼睛直盯着鞋尖，不停地拨动着手指，似乎在等待着一场"暴风骤雨"，等待着一次"教育的宣判"……

"老师，我错了，我愿意扫地一个星期，愿意做50个上下蹲……求求您不要告诉我爸。"小锋用近乎害怕的语气说道，眼神黯淡而可怜。我的心里闪过一丝疼痛，从什么时候开始，学生对我只剩下了恐惧？这难道就是我所建立的师生关系吗？

我拿出一支笔和一张纸，小锋一把抢过去，在纸上快速地写下三个字——检讨书。我微笑着对他说："小锋，今天要写的是你的优点。"

小锋耷拉着的脑袋马上抬起来，眼中闪过一丝异样，但随即又将脑袋深深地埋在了衣领里，小声地说："老师，我身上没有优点，只有缺点。"

"一个人总有优点，你要好好想一想。"我摸摸他的脑袋。

小锋坐了下来，"唰唰"两三下就写好了。我仔细看了一下，写的全是缺点：上课睡觉、迟到、讲小话、不交作业、打架。我用笔把这几点圈起来，在旁边写上——能正确认识自己。小锋张大嘴巴，睁大眼睛望着我，好像在问：这也能算优点吗？我看着他，坚定地点了点头。

小锋受了我的鼓舞，信心大增，拿起笔就写下几个优点：喜欢打抱不平、喜欢看小说、喜欢打乒乓球。我拿起笔在"喜欢打抱不平"旁边写上"富有正义感"；在"喜欢看小说"旁写上"善于阅读"；在"喜欢打乒乓球"旁边写上"爱好运动"。

"老师，我有那么多优点吗？"

"对呀，小锋，你有很多优点，只是你没有发现，继续写。"

小锋一只手拿着笔，另一只手挠着脑袋，开始冥思苦想。突然，他脑袋一拍大喊一声："有了！"挥笔写下：喜欢捉鱼、喜欢骑自行车、喜欢养狗、喜欢帮妈妈种花。我要求他把优点归纳出来写在旁边。

"从来没有人告诉过我这些，老师，您是第一个。"小锋看着自己的"成就"，声音有些哽咽，眼睛有些湿润，却分明闪烁着淡淡的喜悦，坚定的信任。一扇心灵的大门正在缓缓开启……

"老师，我不应该打人，同桌是好意，提醒我不要睡觉了。"他明亮的言语轻轻拨动着我的心弦，希望的旋律在愉悦中吟成灿烂一片。

我知道，一颗"自我教育"的种子已经在小锋心里悄悄种下。它将在黑暗中积蓄生命的全部力量，绕过坚硬的巨石，穿过冰冷的土壤，以最挺拔的姿态，破土而出，迎接阳光，奏响生命的乐章！

是的，苏霍姆林斯基说过，"只有能够激发学生去进行自我教育的教育，才是真正的教育"。相反，如果老师总是摆起"教育者"威严的架势，用赤裸裸的方式直接粗暴地"教育"学生，其教育动机恰如童话里国王长的那双"驴耳朵"，虽百般掩饰，而人人皆知，势必引发学生的叛逆心理和抵触情绪。不如化教育于无痕。

"班级最近打算举行乒乓球比赛，你来帮老师好吗？"我拉着小锋的手，用坚定的眼神看着他，他眼睛里放射出惊喜的光芒，仿佛不敢相信自己的耳朵，笑容如同湖水里的涟漪，久久不散。

从那一天起，他认真地向体育老师学习乒乓球规则，利用课余时间培训了几名裁判员；他跑遍县城的体育商店，购买乒乓球比赛用品及奖品；他一遍一遍不厌其烦地教同学们发球、攻球、拉球……

班级乒乓球赛在摇旗呐喊、激情奋战中落下了帷幕，而小锋获得了"最佳人气奖"，成了我们班备受关注的"焦点明星"。

他欢呼着，狂奔着，一头撞进我的怀里，告诉我这个激动人心的消息。他奔跃的身影洋溢着青春的张力，如阵阵春雷中的竹笋，迸发着破土而出的强劲。

马卡连柯曾说："培养一种认真的责任感，是解决许多问题的教育手段。"于是我趁热打铁，在同学们的欢呼声中推选他为体育委员，培养他认真的责任感。

时光静静流淌，带走了岁月的浮华，沉淀了一船灿烂的星辉。

语文课上，听见了他铿锵有力的发言声；教室里，有了他奋笔疾书的身影；绿茵场上，看见了他为班级争光的矫健雄姿；光荣榜上，他的名字熠熠生辉……

瞧，那颗种子已经刺破苍穹，郁郁葱葱，盛放着一树的梦想。

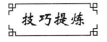

巧藏教育意图

教育即生长，生长本无痕。"无痕教育"就是将教育意图巧妙地隐藏起来，通过间接、迂回的方式，给孩子以引导，促成孩子自我教育，从而达到教育目的。

　　案例中的小锋是班上的"老病号"，是教育路上难啃的"硬骨头"。以前总是采用赤裸裸的方式简单粗暴地"教育"他，结果适得其反，导致他产生叛逆心理和恐惧感。经过教育反思，我认识到应该抓住教育的契机，巧妙地隐藏教育的意图。在教育转化的过程中，我丝毫不提及小锋在课堂上所犯的错误，而是宕开一笔，挖掘出他的优点，发挥他的长处，激起他内在的精神力量，唤醒和点燃隐藏在他内心的巨大潜能，最终达到教育的目的。

　　"把教育的意图掩藏起来，是教育艺术十分重要的因素之一。"这或许是"无痕教育"的真谛。"无痕教育"，曲折有致，迂回变化；"无痕教育"，有爱有心，有智有谋。好似落红护花，悄然入土；又如春风化雨，润物无声。

当伤害逆流成河

谢海波

午后的校园，阳光明媚，栀子树肆意地绽放着洁白的花朵，散发着浓郁又独特的香味。

然而，这美景，孩子们是无暇顾及的。他们正忙着在暑气蒸腾的教室里挥汗如雨，奋笔疾书。在他们的前方，教室中央最醒目的位置，大红的中考倒计时指示牌闪闪烁烁，不时刺激着孩子们紧张的神经。

这是一个重点班，孩子们的基本功都还不错，自觉性也非常好。我背着手，踮着脚尖，轻轻地在一排排摆满书本的课桌间穿梭，目光从一张张专注的脸庞上抚过。

突然，一只裸露在外的手臂吸引了我的注意。

"你这手怎么啦？"

教室最后一排的角落里，一只略显苍白的手臂上，十几道伤痕触目惊心！每一道伤痕都长达十几厘米，彼此间隔半厘米左右，排列得很整齐，基本平行。血痂的颜色暗红，可见才愈合不久。痕迹不粗不细，应该是那种刚能冒血又能很快自行止血的伤口。

手的主人是个男孩，听到我的惊呼后，瞬间红了脸，低了头，一边把手臂往回缩，一边很小声地掩饰道："没事，是我自己削铅笔的时候，不小心……"

男孩嗫嚅着没再吭声。但是，我心里早已了然——这分明是他故意弄伤自己的呀！

我心疼地看着他，思绪却飘飞到了三年前，我和这个男孩初识的那个日子……

那时，我担任初一215班的班主任，开学那天，这男孩是第一个来我的办公室报到的。他个头不高，微胖，穿一件稍紧的黑色短袖T恤。头发像是刚理过，很短，很浓密。脸是婴儿肥，胀鼓鼓的。眼睛有点小，嘴唇很厚，微微上翘。见面后，除了告诉我他叫小D，其余时间里，他就一直低着头默不作声。毕业学校、家长姓名、联系电话等信息的填报，全部由他妈妈代劳。他妈妈倒是很健谈，大嗓门，滔滔不绝地向我介绍着孩子的基本情况，诉说着自己养育孩子的不易，还不时夹几句对小D的抱怨和不满："老师你是不晓得呢，他就是这样没用，到了外面一句话都讲不出，在屋里就懒，什么事都不做，还冲我发脾气……"出于礼貌，我客气地回应了几句，眼光却一直落在小D涨得通红的脸上，思忖着，这会是一个怎样的孩子呢？

　　后来，接触多了，我慢慢发现，这男孩理解接受能力还行，数学基础也还不错，可是个性疏懒，内向胆小，尤其爱哭。喜欢安静，喜欢独处，上课不时发呆走神，下课时常常一个人待在座位上，哪怕旁边有人闲聊，他也很少插话。

　　记得有一回，他因上课时没好好听讲，答不出问题，被我叫到办公室谈话。我还没开口呢，他眼圈就先红了，我刚说了几句话，他的眼泪就"啪嗒啪嗒"地往下掉，止都止不住了。不过，幸好，我提的意见他都能接受，也都能改，学习状态慢慢地好起来了，成绩也进步不小。到初二重新分班时，小D分进了重点班，成绩一直在班级后几名徘徊。

　　初三末期，第一次月考/，他的语文仅得89分，我找他谈了心。期中考试时语文得了103分，然而总分排名还是偏后。

　　如今，中考临近，升学在即，以他目前的成绩，省重点高中怕是无望啊！孩子内心又怎能不焦虑，怎能不惶恐！看看同学，再想想自己，孩子又怎能不自卑，怎能不自责！父母打工在外，同学鲜有知音，本就不善与人沟通的他，只能用这种极端的方式折磨自己来宣泄情绪了！唉，可怜的孩子！我该怎样来帮你？

　　沉思半晌，我决定先和孩子聊聊。我轻轻地拍了拍孩子的肩膀，示意他随我走出教室。

　　幽静的校园里，凉风习习，花香阵阵。我们穿过那条开满栀子花的小径，在一处凉亭里坐了下来。

"今天的作文别写了，和老师聊聊天，好吗？"发觉了小D的不安，我主动给他减免了一部分作业。

"嗯。"小D的神情明显放松了不少。

"你手上的伤，几天啦？还疼不？"

"前天弄的。一直都不怎么疼。"小D说着，脸又红了。

"可是老师看了心里很疼！"我的语气有点急促，语调也陡然提高了不少。

小D抬头很惊讶地看着我。

"孩子，我想，你的爸爸妈妈看到你这样，也会非常难过的。"我看着小D的眼睛说，"老师知道，你现在的压力很大，很想考上省重点。可是，越是这最后关头，我们越是要调整好心态，轻装上阵，才能有好的复习效果呀！"

"我也知道，老师，可我就是静不下心。我总是想起以前的事，我恨我自己，以前怎么就不努力一点，我真后悔……"说着说着，小D的眼睛已隐隐有泪光了。

"不，孩子，你以前做得挺好的，初一的时候，你不是进步挺大的吗？就是这个学期，你也进步不小啊！别看排名还不靠前，那是因为大家都在进步呀！"

小D愣愣地看着我："真的吗，老师？为什么别人都没跟我说呢？"

"那是因为你从来没有主动向别人倾诉啊！答应我，小D，以后有什么事别闷在心里，更别伤害自己，说出来，让老师、同学一起帮你想办法，好吗？"

"嗯！"小D用力地点了点头，笑了。那笑脸，似乎比满园的栀子花更加明艳。

接下来的日子里，我每天都会抽出一点时间，陪小D散步、聊天，听他诉说学习生活中的不如意，给他安慰，给他鼓励。偶尔也指导他一些学习方法，或是减免他部分语文作业。慢慢地，小D的笑容多了，成绩也稳定了，弄伤手臂的事情再也没有发生。中考后，小D顺利升入了市重点高中。

逆转伤害的河流

中学生因为心智尚未成熟，对抗压力疏导情绪的能力较弱，在面临自身难以承载的重压时，往往会变得敏感、脆弱、焦虑，甚至恐慌。他们困在纷乱的内心世界里辗转奔徙，无法突围，不惜以自残的行为来寻找关爱和温暖。此时，老师要及时站出来，给予学生温柔的呵护，导引他们明晓力量发源之端在于自我，唯有好好爱自己，才能更好地爱生活，才能更好地爱这个赖以生存的世界。

自残，对于文中的小 D 而言，是孤立无援时饱含伤痛的无奈和绝望。他想要寻找告别颓废的宣泄途径，想要实现激励奋进的自我救赎，可自身性格内向、家庭环境压抑、母亲过于强势等原因，使他无法主动向外界寻求帮助，焦虑的情绪无法找到一个宣泄口。各种负面情绪日渐发酵，迫使他如困兽般在自己的世界里仓皇逃窜。可是这种利用自残来激发力量的方式却无异于饮鸩止渴。我找小 D 在校园凉亭里聊天，用安静舒适的环境帮助小 D 放松心情，用主动减少作业免除小 D 的后顾之忧，用关心伤情拉近与小 D 的心理距离，顺利打开小 D 的心防。当小 D 愿意倾诉时，我主动做他的忠实听众，听他的苦、他的难、他的忧，并及时肯定、鼓励、指导点拨，给予他足够多的安全感，让伤害的河流逆转成自信的泉源，从而平稳度过升学焦虑期。

老师，我们不想让您走

蒋元平

三年前，期末考试的前一周……

自从得知全县期末统考提前了，学校所有老师都铆足了劲儿，组织了一次六年级模拟测试。模拟测试按照大考模式组织：交叉监考、密封阅卷……阅卷持续到晚上，在焦急的等待和热切的期待中，我终于拿到了成绩册。

翻开成绩册一眼瞄去，我顿时像掉进了冰窟窿一样手脚发凉——我班排名竟然垫底！而且与第一名的班级平均分相差十分！那一刻我脑子嗡地一片空白，怎么可能？怎么可能？我简直不敢相信，才两个月竟然下滑这么快？灯光下，我仔仔细细地查看每一张试卷，不看不知道，一看吓一跳：几乎所有的试卷字迹潦草；读拼音写词语这样的基础题竟然没有一个全对的，失分率很高；作文更不要说了，大部分孩子应付了事，就连作文比赛获得一等奖的孩子写的作文都是不知所云；更有甚者，口语交际和阅读题竟然空着……问题这么多，是我课堂教学的问题吗？应该不是。平时他们最喜欢上我的语文课，在我的课堂里总有思想的碰撞、情感的交融，总是那么和谐。很多学生都跟我"表白"，希望我能带他们毕业。凭着从教十几年的经验，我分析应该主要是学习态度问题。想起家长们期待的眼神，想起校长在全体教师大会上激励我们的话语，我备感压力。不行！必须整顿！现在学生丝毫没有紧迫感，只要一下课，教室里要么没人，要么嗨翻天，这样下去，期末考试垫底是板上钉钉了。这一晚我彻底失眠了，在脑海里构思着第二天如何惩处这些顽皮的孩子：进教室后先吼上两嗓子，把书本重重地砸在讲台上；对那些马马虎虎的学生好好训斥一番，然后勒令所有学生把试卷抄一遍，凡是基础题做错抄写五十遍；最后规定从现在开始除了上厕所、吃饭、睡觉，不准离开教室，必须把这些孩子的心收回来！

第二天，上课铃声响起来，我带着昨晚酝酿的情绪健步如飞，但在我板着面孔准备从前门进入教室的一刹那，我的脑海里突然闪过一道灵光。我收起愠怒的神色，慢步走上讲台，恋恋不舍地环视一遍所有的孩子。教室里立马安静下来，按理说没考好会有一场狂风骤雨，可他们眼前的我却满含深情，孩子们不知道老师的葫芦里卖的是什么药，都面面相觑，睁大着好奇的眼睛，屏息凝神地望着我。我清了清嗓子，把自己的嗓音调整到最富有磁性的音阶。

"孩子们，你们是我教过的最聪明的学生，我最喜欢有你们的课堂，因为你们让我找到了一个老师的职业幸福感。一直以来，我都把你们当成我的朋友，所以，只要是我们之间的事，我就不应该瞒着你们，你们有知情权。"我缓缓说道。

"什么事呀，老师？""什么事呀？是好事，还是坏事呀？"教室里立马炸开了锅，孩子们的胃口被吊起来了。

"我……我们师生的缘分可能要尽了，下个学期我不能再带你们了，我曾经答应过带你们毕业的承诺也许实现不了了，哎——其实我心里是一万个舍不得呀！"我故作吞吞吐吐状。我话音刚落，一些男孩子脸涨得通红，拼命追问原因；而一些腼腆的女生开始沉默，偷偷地抹眼泪。见此情景，我趁热打铁，说："我觉我不是教语文的料，怕教不好你们，如果继续教下去会耽误你们的前程。我已经跟校长汇报了，校长也已经找了一个非常优秀的语文老师来教你们，准备让我下个学期去教四年级的数学。同学们，你们一定要听新来老师的话，千万不要淘气，我会想你们的，你们有空一定要来二楼办公室找我哦！"我的声音哽咽了。

"老师，您不教我们，我就不来读了。"

"老师，我们就要您教我们。"

"老师，我觉得您教得很好呀！我最喜欢上您的课呀！"

……

抽噎哭泣的孩子多了起来，"调皮鬼"小强都已经哭成泪人。见时机成熟，我把话锋一转，说道："作为老师肯定要对学生负责，刚刚有同学说我教得很好，可是这次考试成绩我们班比别人低十分左右，还怎么能说老师教得好呢？"此言一出，孩子们一个个低下了头，沉默不语。

班长小敏一向乖巧懂事，她两眼通红，站起来说道："老师，您放心，我们保证好好复习，让咱们班期末考第一名，这样您就不用走了。"其他孩子听了纷纷附和表决心，个个摩拳擦掌，发誓期末考试一定要考出优异成绩。课间操时，我的办公桌上堆满了孩子们写的留言条，读着这些稚嫩的文字，感受着孩子们的不舍和坚定，我知道，这一场温柔的"假别离"点燃了他们奋起直追的火焰。

接下来的一星期里，孩子们全身心投入到复习当中，优等生主动帮助后进生，后进生一改疲态奋起直追。期末考试，孩子们果然没有让我失望，以绝对的优势获得六年级组第一名。

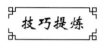

为学生点燃一把"自责"之火

著名诗人叶芝曾说："教育不是注满一桶水，而是点燃一把火。"这把火，来自学生灵魂深处的觉醒，而如何点燃这把火，考验着教师的教育机智。

学生考试失利，老师失望、担忧、愤怒可以理解。严厉的训斥惩处或许能消一时之气，对学生造成威慑，但无形中也把学生推向了对立面，使某些叛逆的孩子"口服心不服"，不仅达不到教育目的，还有可能适得其反。

在这场"成绩危机"中，我找准问题根源，及时控制了怒火，巧妙地以自己和孩子们之间的情谊为突破口，以退为进，在孩子们的挽留中顺势引导他们认识缺点，唤醒他们的自责之心，进而激发其斗志，最终创造了逆袭的奇迹。

常言道："知耻而后勇。"前提在于"知耻"这一过程是人们发自内心的触动、内省，而不是源自强迫。面对"成绩危机"，不动声色地为学生点燃一把知耻后勇的"自责"之火，进行了一次灵魂的唤醒，远胜于一万次的灌输说教。

蹲下来说话

王　林

那天秋高气爽，云淡风轻，孩子们在金色的阳光下进行着课间操活动，一张张笑脸映衬着阳光，仿佛这个世间的美好都在他们的笑脸上，他们的明眸里……

忽然，班长跑到队伍前跟我耳语，说小东在做操时常常干扰他前后左右的同学，脚踢这个，手推那个……导致身旁的同学都无法认真做操。班长多次制止，小东依然我行我素，甚至还理直气壮地反问班长：你何时见到我是故意的呢？还有人跟我一样，你怎么就睁一只眼闭一只眼呢？听班长如此说，我想我得会会这个新学期第一个"冒头"的学生。

我让班长把小东叫来。小东不情不愿地拖着步子朝我走来，用眼角的余光瞟了我一眼，低下了头。这孩子，还不错，至少认识到自己犯错误了。我正想借"知错就改"夸夸他，然而事情却并未按我的设想那样发展，让我有点措手不及。

"小东！听班长说你借着做操之由踢打其他同学，让周围同学都无法认真做操？"小东没有回应，仍然低着头，两眼直直地望着地面。我心里有些疑惑：或许是广播里的音乐声太大，我的嗓音太小，小东没有听见？

我再次提高嗓门叫道："小东！"小东仍是低着头，沉默着。我猜想或许是因为犯错后的胆怯他才一言不发。周围其他同学都望着我，如何化解这沉闷的尴尬？我在心中暗暗告诫自己：冷静，再冷静。

我故作嗔怒地说："小东，把头抬起来！赶紧说说到底怎么回事。男子汉敢做敢当！"班长此时也在旁边附和："小东，老师和你说话呢，你怎么回事？听不见吗？"小东猛地抬起头，怒目圆睁地看着班长，小拳头攥得紧紧的，脖子上的青筋胀得像是要爆炸似的，一副咬牙切齿的样子。此时我愣住了，万万没有预料到他会有这样的表现，而我带这个班还不到两周，对他也没有过多的了解，我一直以为这个长相清秀，眼睛透着一股灵气，在语文课上答问积极，思维比较敏捷的小男孩，会是家长们眼中那个"别人家的孩子"，显然我对他的认知出现了偏差。

我明白此时小东的"情绪恶魔"还占着上风，如继续强硬压抑他的情绪，我并不知道他接下来会做什么"出格"的事情，音乐此时似乎也识趣地停了下来。随着音乐的停止，我猛然"醒了"过来。我顺势给他也给自己搭了个台阶，说道："大家散了，先进教室吧！"

然而，小东却出乎意料地坐到了地上。我使了个眼神让班长去扶他起来，他却无动于衷。

为了防止事态扩大，我让其他同学先回了教室。

我蹲下来，看着他说道："我知道因为班长向我告状，你有一些难过和不满，你心里有点怪他，有一些不平。"说到此处，我看到他的拳头攥得没有那么紧，紧皱的眉毛也平复了，感觉他没有那么紧张了。

见此情状，我蹲着向他挪近了两步说道："你不敢直接责怪班长，所以只能怒目圆睁地看着他，以这种方式告诉他你很生气，我理解你。"他不可置信地抬起头来看着我。

我顺势伸出右手搭在他的肩上拍了拍说道："你在语文课上发言很积极，反应能力很不错，老师很欣赏你，老师想知道你更多的优点呢！"他的眼睛透出了一束亮光——那是一种含着自信和期待的光芒。

不出我的意料，一番交心的话语触动了他的心灵，让我走进了他的心里，他愿意跟我交流了。我问："现在可以说说刚才的事情是怎么回事了吗？我们一起来分析分析吧！"他打开了话匣子，拿出语文课上答题的劲头，极其认真地把做操时由于自己的放肆引发同学之间你踢我打、追逐嬉戏的过程告诉了我，同时言语中流露出对班长处事不公的不满。我说道："原来如此，老师知道了。你把班干部正常反映情况当成了'告状'？你还觉得班长反映情况好像针对你个人，因而觉得不公平？现在我们回头看看这件事，到底是怎么发生的，因何人而起的？"这时小东似乎陷入到沉思之中。我接着说：

"虽然整件事情并不是你一个人的错，但是事情是不是你最先挑出来的，都是因你而起呢？"他想了想，迟疑地点了点头。

"知错改错，这是做人的原则，那么我们约定以后尽量避免这样的事情再次发生，碰上老师需要了解情况的时候，要学会表达，阐述事情，说出感受，提出看法，而不是只发脾气。可以答应我吗？"他看着我点了点头，突然以一种恳切的语气跟我说："老师，我喜欢您蹲下来跟我说话，让我不再害怕。"

好一句"蹲下来跟我说话"啊，他是多么希望老师能平等对他呢！

秋风习习，阳光穿过树叶洒在地上，显得格外灿烂。看着他远去的背影，我告诉自己，前面的路还很长很长，还有无数个"小东"需要我们去走近他，蹲下来，走进他的心灵……

技巧提炼

学会蹲下来

索菲·布奎特拉比在《仁的教育学》一书中写道："当我们被教育去压抑或否认自己的情绪时，它们就会变得病态：恐惧会变得偏执或麻痹，攻击性会变成暴力，悲伤会以抑郁的形式压倒我们。"作为老师，抑或父母，当孩子受情绪困扰时，首先要做的是尊重、认同、接纳他们，要"蹲下来"，放低姿态，靠近他们。

要知道，"蹲下来"本身就是尊重，也只有"蹲下来"才能真正走进他们的心灵，让他们感受到教师对他们的关注，让他们明白自己是受到尊重的独特个体，更让他们体会到老师可以与他们同频共振。此案例中我通过谈话了解到小东发脾气是因为班长的"告状"，但在委屈与怒气的缠绕之下，孩子只在自己的情绪世界里打转，一时屏蔽了外界的声音，将自己封闭起来。此时，居高临下的教育姿态难以收到任何成效，而"蹲下来"这个动作，则是自然而然拉近彼此距离，打开学生心防的钥匙。当他愿意敞开心扉，分辨了情绪因何而起，自然也就从倾轧的心墙里走出来了，我顺势帮助他理智地分析事情的前因后果，让他认识到自己的问题，并且找出解决问题的方法。如此一来，问题迎刃而解，我们的教育之路也就通畅了。

带刺的花，用真诚浇灌

王争艳

又是一个周三的早上，天气晴朗，我呼吸着校园里的清新空气，快步走进书声琅琅的教室。同学们专注地诵读着课文，那抑扬顿挫的读书声此起彼伏，无异于这世上最动听的音乐，我沉浸在这音乐的盛宴里。

突然，"羽扇纶（lún）巾……"，一个刺耳的男声传入我的耳中。循声望去，语文成绩很差的男生小艺，他正晃着脑袋，闭着眼睛，怪声怪气地大声叫喊着。

我面带微笑，走到他身边，轻声地对他说："小艺同学，这里应该读作'羽扇纶（guān）巾'。"

"我就是要读作'羽扇纶（lún）巾'，关你什么事？"他瞥了我一眼，语气不善地一呛。似乎是为了抗议我刚刚的提醒，他提高了音量，不断地重复"羽扇纶（lún）巾——"。看着他那我行我素的样子，我满腔的热情仿佛被一盆冷水浇灭了，胸中涌上一股说不出的滋味。

我强迫自己做了一个深呼吸，让自己平静下来：他还是个孩子，我可是一个大人，一个被誉为"人类灵魂工程师"的人民教师，我不能跟一个孩子闹情绪。于是，我对着他笑了笑，装作什么事也没发生，转过身，默默地走开了。说实话，这个学生头脑很聪明，电脑玩得很活络，平时上课遇到电脑问题，他总是自告奋勇地走向讲台，三两下就能帮我解决问题。而且，他的理科成绩也还过得去，只是两语成绩总在 70 分左右徘徊，是个潜力股，有很大的发展空间。我有心多关注他，想提高他的语文成绩。接班以来的两个月，我已经找他谈了两三次话，平时也经常有意关心他，买了两本字帖送给他好好练字，他好像也慢慢地在努力，期中考试语文也接近 90 分了。没有想到今儿早上他突然这样对我说话，我百思不得其解。

想到这些，我走进班主任办公室，把刚刚发生的事情与班主任黄老师进行了交流。他说这个小艺是班上有名的"刺头"，不仅是这次怼了我，几乎每个老师都被他怼过。上次因为他在英语课堂上公然顶撞英语老师，把英语老师气得哭着跑出了教室，课都没有上完。班主任没办法，只得叫来了他的父亲，他父亲在办公室严厉地呵斥他、教育他，他当场和父亲叫嚣，最后父子俩打成了一团，好几个老师齐力才把他拉扯开。黄老师叹着气，好心劝慰我：遇到这样的学生，家长都没办法了，你就别理他，不要把他当回事。

真的从此不理他，放弃他吗？我有点不甘心，也有点不忍心，因为一个学生的无礼顶撞或者公然挑衅，从此就放弃这个学生，觉得对不起一个教师的良心，教师的职责不就是教育学生吗？如果是自己的孩子这样怼我、呛我，我会因此放弃他，从此不管不问吗？参加工作以来，我可是从来没有放弃过一个学生呀。何况两个月以来他对我也是很有礼貌的，也在慢慢地接受我的善意，并且在慢慢地改变。是不是他今天遇到不开心的事情了？还是我哪一点没做好，伤害了他？……最后我在心里暗暗决定，不能与一个一时冲动的孩子较真，不能放弃任何一个学生。

第二节是语文课，我走进教室开始做课前准备，上节课的数学计算还满满地写在黑板上，学生们正在热烈讨论着数学题。马上就要上课了，我站在讲台上，环视着整个教室，好像根本没有学生注意到黑板还没擦。这时，小艺抬起头望望我，又望望黑板，想站起来又有几分犹豫的样子。我对着他友好地笑了一下，他站起来跑上讲台，动作麻利地把黑板擦干净了。我轻轻地对他说："谢谢小艺同学！"此刻，早上留在我心里的郁闷在消散。

上完课，我快步走出教室。"老师！"后面传来急促的脚步声，回头一看，他正局促不安地站在我身后。我停下脚步："小艺，有什么要老师帮忙的吗？"他红着脸，不好意思地说："老师，对不起！今天早上我心情不好，对你说话很不礼貌。"我拍拍他的肩膀："没关系，老师就知道你肯定心情不好，你平时很有礼貌，也很勤快的！而且经常帮助语文老师解决电脑难题，是我的得力'助教'呀！今天谢谢你及时擦黑板，让我顺利上课。"

我微笑着，趁机对他说："小艺，老师发现你语文有进步，字也写得越来越端正。"谢谢老师送的字帖和对我的鼓励。以前的语文老师看见我的语文成绩，不是摇头嘲笑，就是大声责备我，只有您一直关心我、帮助我！谢谢您，王老师！"小艺真诚地说完，向我鞠了一躬。我们俩轻松地聊了起来："你以前是不是读了不少书？上次作文写得很不错！"他开心地笑起来："是啊！我妈在我初中时买了很多书给我看，但我最喜欢看历史类的书籍。""那你的语文成绩本应该不错呀！""我看到语文试卷那么多阅读，还要写那么多字就烦，每次考试都没有认真阅读和书写，一些主观题要么写一点点，要么空着。""只要你心理上重视语文，端正态度，语文肯定可以学好的。而且千万不能让语文拖你的后腿呀！这样吧，我们做个约定！只要你 6 月底考试认真作答，语文成绩达到 100 分以上，老师奖励你一本你喜欢的书！还有两个月时间，有信心吗？"他信心满满地答应了。

两个月后，他高兴地接过我手中的《另一半中国史》，一个劲儿地对我说："谢谢老师！"那一刻，我真的很开心！为他的进步，更为自己的不放弃！我庆幸我没有放弃小艺这朵带刺的花，并且用自己的真诚走进了他的内心，感化了他。现在，他正在慢慢地绽放！

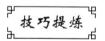

一笑而过

高中生正处于青春期，年少气盛，可能会言行冲动，不计后果。教师对于学生因情绪失控而异乎寻常的言行，可以"一笑而过"，待学生冷静后，再找机会教育，这样处理的效果往往较为理想。

小艺同学性格很叛逆，说话做事冲动，如果为了维护所谓师长尊严而跟他直面相撞，硬碰硬，或许只会把他推得更远。因为平时经常找他谈话，给他关爱，对他鼓励，又送过他字帖，应该说我与他有一定的情感基础。他突然态度转变，背后一定有原因。当他出语冒犯之时，我没有被负面情绪冲昏头脑，而是及时平静心情，不流露负面情绪，给他也给自己一个冷静期；当他意识到自己的错误，想改正时，我及时地报以友善的微笑，不责怪也不追究，并且趁机鼓励表扬。用诚心、耐心、与宽容之心换来峰回路转，柳暗花明。

点燃一盏心灯

赵华峰

列夫·托尔斯泰曾说:"只有当你有爱心的时候,去同人打交道才会有益无害。"作为教师,我深以为然。

那是六年级上学期的一堂语文课,我和孩子们正在品读《夏天里的成长》。我要抽同学回答问题了,瞅着一个孩子有些眼生,便欲唤他起来。我的目光刚落在他的身上,他便马上感知到了,红晕直接在他白净的脸上"腾"地炸开,瞬间蔓延到额头、脖颈,他下意识地抬起头看了我一眼。我示意他站起来回答问题,他却迅速将两只手肘立起在桌上,把头深深地埋进去,十根手指绞在一起,紧紧抱住脑袋,可能是太过用力,连指节都有些发白。我轻轻走到他身边,将手搭上他的肩膀,感觉到了一阵微微的颤抖,还听见了牙关打颤和轻微啜泣的声音。我温言鼓励,要他抬起头来,足足过了一分钟,我看到了一张满是惊惶和泪痕的脸。

我的心猛地一抽,那一瞬间,我眼前突然浮现出角落里经受狂风暴雨后胆怯的小白菊的模样。孩子们哄笑起来,他似乎恨不得想要找个地缝钻进去。我赶紧用眼神示意大家,教室里这才重新安静下来。我低下头,注视着那个孩子的眼睛,微笑着轻声说:"是还没准备好吧?和同桌一起再思考、讨论两分钟。"

我要求大家再次思考、讨论,自己则借机到教室隔壁办公室找到班主任了解情况:原来,孩子叫阿亮,本学期刚从农村转来,因家庭出了变故,心理创伤严重,本就十分内向的他,初到新的环境,更加沉默寡言,上课下课从来不肯吭声,极少与同学交往,现状堪忧。班主任已做了不少工作,但成效不尽如人意。

我心里有了底，再次回到教室，便开始引导孩子们披文入情："作者说得多好啊：'农作物到了该长的时候不长，或是长得太慢，就没有收成的希望。人也是一样，要赶时候，赶热天，尽量地用力地长。'"说到这里，我话锋一转："孩子们，你们愿意趁青春年少的时候尽量地用力地学习成长吗？不用说话，用点头或摇头告诉我答案。"在同学们有力的点头动作中，我清楚地看见阿亮重重地点了一下头。

　　机会来了！我惊喜不已，冲到他身边："阿亮，你能亲口告诉我你的名字吗？"我热切地看着他。他的眼里霎时闪过一道亮光，旋即又熄灭了，嘴巴张了一下，很快又合拢了。"不要看别人，只看老师。来，跟我说：我叫阿亮。"我用力握着他的双手，直视着他的眼睛，饱含着鼓励与期待。他终于开口了："我叫阿亮。"我舒了一口气，尽管是"千呼万唤始出来"，并且是"幽咽泉流冰下难"，却也给了我莫大的希望。

　　"再大声说一遍！"

　　"我叫阿亮！"

　　"更大声说一遍！"

　　"我叫阿亮！"

　　"很好！现在，请你把老师的名字大声告诉同学们。"

　　"赵老师。"

　　"说名字！再说一遍！"

　　"赵华峰！"

　　"大声喊一遍！"

　　"赵华峰！"

　　全班顿时掌声雷动，同学们欢呼雀跃。那一刻，我分明看见阿亮热泪盈眶。人一旦打破了心灵障壁，就好像看到了无尽的希望，拥有了不曾有过的力量。接下来的课堂上，阿亮共回答了两个问题，用词比较正确，思路也较清晰，言语间甚至有了些"间关莺语花底滑"的味道了。我满心欢喜，做老师的幸福又一次弥漫在心间。

　　课后，我奖励了阿亮一个笔记本，在扉页上书写了莎士比亚的一段话："别在树下徘徊，别在雨中沉思，别在黑暗中落泪。向前看，不要回头，只要你勇于面对，抬起头来，你就会发现，生活的阴霾不过是短暂的雨季，向前看，还有一片明亮的天，不会使人感到彷徨。"

自那以后，他尝试与我亲近，也开始与同学们交流、争辩、嬉戏，笑意不经意间挂上了他的嘴角、眉梢。如今，阿亮已经深深地融入到孩子们中间，融入了这个班集体，更爱上了语文学习，曾经的刻骨铭心的痛楚似已随风而逝。

点燃一盏心灯，照亮正处于黑暗中的心灵角落，使孩子们不惮于前行；点燃一盏心灯，带来希望的下一分钟，撑起孩子们求知的那片天空。余生有涯，我愿用我的真心时刻陪伴着孩子们健康成长。

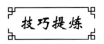

让课文替你说话

恰当的言语，是教育的利器；而合适的课文，则是利器中的利器。教师借用课文，挖掘其育人内涵，创设教育情境，巧妙地让课文替我们说话，往往会事半功倍。

像阿亮这样的孩子，我们不经意间就会遇上一两个，他们稚嫩脆弱的心灵特别需要来自老师的关注和呵护，而这种拯救需要创设一个合适的教育契机，绝对不能够沉疴下猛药，否则，目的达不到不说，沟通教育之路就此荆棘满途也是非常可能的事。课堂之中，教材是老师进行启发引导的法宝。在第一时间了解孩子出现问题的真正原因后，我没有盲目行事，而是借用课文，因势利导，让孩子撤下心防，开口说话；在孩子有进步后，又及时予以精神奖励，为孩子渴望学习、交流的火苗助燃。

让课文替你说话，有时候，我们不必多言，而生命之花已然欣欣向荣。

当孩子"挑衅"时

付香成

看到欠交作业的名单里又有小 T，我不由得紧锁了眉头。

这个小 T，成绩莫说上等，至少也有中上，为什么又欠作业呢？

我接这个班快两个月了，作为任课教师，我对班级的学生了解并不深，但小 T 我知道，瘦瘦小小，平时话也不多，却已经是第三次欠交作业了。

我把小 T 叫进了办公室，轻声问："小 T 呀，你昨天作业怎么又没交呢？"

小 T："忘了！"他的眼睛盯着我，说得理直气壮，似乎丝毫没有意识到自己的错误。

"你上次忘记交，这次又忘记？"我把"又"说得很重，声音里分明带着责备与不满。

"班上又不是我一个人没交，你为什么总第一个说我？"小 T 的声音也提高了。

"我是最关心你呀，你这孩子，怎么不明白呢？"我嗔怪道，"你若写了，把作业拿来，我看看。"

"拿来就拿来，难道还骗你不成？"小 T 嘀咕了一句去教室拿作业了。

"你查呀！"小 T 把作业丢在办公桌上。

或许是他丢的动作极不礼貌，或许是他挑衅的神情惹恼了我，我的声音不由自主提高了，说道："你这是什么态度，小 T？"

"什么态度？没什么态度啊，你要查作业给你查呗，你还要我怎样？"小 T 也不甘示弱。

恰好这时有老师有事叫我，于是我说："你在办公室好好反省一下，看看哪里做得不对，等我回来！"说完我就走了。

不到十分钟，我返回后发现小T没了人影，我的怒火呼啦啦燃烧起来。

好在过了一会儿，小T回来了。

我阴沉着脸，期待他的解释。然而他什么话都没有说。

"小T，你让我太失望了！"我忍不住说。

"你也让我失望！"小T寸步不让，"怎么？是不是要请家长？你们老师只会这一套！"

这小子，倒主动挑衅起来了。

我一下子意识到问题的严重性，意识到自己可能犯了错，要不他怎么会说这句"你也让我失望"？

十年前的一件事又浮现在眼前。那是我做337班班主任时，班上有个叫小Y的男孩，很孤独，很有个性，我在课后给他鼓励，在中秋陪他赏月，还安排他做副班长，以提升他的自信。总之觉得自己对他挺好的，但是五月份的一个晚上，熄灯铃已经打过了，我去查寝，他在讲话，我批评了他，他居然冲我大喝："出去，这是我们的地盘！"我气愤极了，觉得他不守纪律，目无尊长，把他从寝室里叫出来，狠狠地批评他。他神情冷漠，一言不发。第二天，我正准备去上课，小Y对我说不当副班长了，言语之中，带着赌气，其他的话却只字不提。我说："随你吧，你不当我也勉强不了。"至于他违纪、发火的原因，他未提及，忙碌的我也没再问起过。直到高考来临，直到分离的脚步渐行渐远，直到遗憾无法弥补，再也不相见……

每每回忆起自己教育中的失误，我总是情不自禁地想起小Y来，他当初为什么发那么大的火呢？是一时气盛？还是当时心情不好？或是对我有什么误会？又或是发生了什么重大事情？……而我居然什么也没有问，什么也不清楚，还跟学生生气！我算什么老师呀？我心里涌起深深的愧疚，这愧疚直到现在也无法释怀。

今天，又一个孩子在我的面前"挑衅"，冲我"发火"，我可不能重蹈覆辙啊。

"你也让我失望！"小T既然这么说了，我就一定有让他失望的地方。

我迅速调整自己的情绪，平和心情，放柔声音，说："这样吧，我们来做一个游戏，把彼此让对方失望的地方和希望对方怎么做写下来，看看我们的默契度，好不好？"

没想到，小 T 爽快地答应了。不一会儿，我们都写好了。

我写道：

亲爱的小 T：

　　老师做得不好，你几次没交作业，或许是另有隐情。我知道，你所谓的"无礼""挑衅"，是因为你在愤怒，在发火，同时你也在向老师求救——老师，注意我啊，帮助我啊。你用这种方式来表达你的需要，是吧？可是老师没有看见你的需要，老师让你失望了！来，告诉老师真实的原因和想法，以便老师改正错误，更有效地帮助你！希望你给我一个了解你的机会哦！

爱你的老师

小 T 看了纸条以后，竟然哭了起来，一个 16 岁的大男孩，哭得肩膀一抖一抖的，泪水糊满了整张脸，我递上纸巾，轻轻拍拍他的肩。

小 T 把他的纸条递给了我，上面写着：

付老师：

　　我听说您学过心理学，我很希望能得到您的帮助。但是，您没有注意到我，我就故意不交作业，谁知道，您也只是问问而已，我很失望。

　　我不会表达自己的想法，一急就口不择言，脾气也很暴躁，只要事情有一点不合我的意，我就爱发火，这点特别像我爸，我爸就脾气大。今年暑假，我妈和他离婚了，我觉得这世上从来没有人关心过我，爱过我……还有啊，我刚刚离开，是上厕所去了，因为在您叫我之前，我就想去，但没来得及……

可怜的孩子！原来，他不交作业，是想引起老师的注意；他说话"挑衅"，是他不懂得表达；他爱发火，是父亲在错误地"示范"！可是这些真实的原因，我差点就永远地错过了！

我坐在他对面，轻轻告诉他：

"孩子，你想引起老师的注意没有错，但一定要正面表达，心平气和地表达自己的需求，而不能采用怒火式、暴力式，这样会适得其反。怒火会把周围的人烧伤，暴力会让身边的人走远。还有啊，身边的人，他也许发现不了你愤怒背后真正的需求，就像老师前两次也没有注意到……当然，生活中，生气在所难免。尤其是在我们的需要得不到满足，我们的期待完全落空时，我们会生气，会难过，甚至会愤怒。我今天也有一点点生你的气。但我们一定要及时看见自己的情绪，控制自己的心情。如果要发火时，心里就默念三遍'世界真美好，我却这么暴躁，不好不好'……"

小 T 哈哈笑起来，我也笑起来。这场"挑衅"就在我们的笑声中悄然化解。

技巧提炼

以笔为嘴，化说为写

以笔为嘴，化说为写，是与青春期孩子沟通的良好方式。

青春期的孩子最不喜欢说教，有情绪的时候，更是什么话都听不进。如果一味地说教、唠叨，不仅事与愿违，还会加深与孩子的裂痕。这时，老师或父母不妨借一支笔，用一张纸写下要说的话。一支笔，轻轻诉说，理性沟通，替代了粗暴、气愤、惩罚和说教。一张纸，静静书写，平复了情绪、增添了反省，自然更理性。而且这样的沟通，更容易让孩子感受到被理解和被尊重，孩子自然更愿意对我们敞开心怀，从而乐意听取我们的意见，在顺畅的沟通中达到教育的目的。

即使是优秀的孩子，也会有愤怒的情绪。只有接纳孩子的愤怒，再加上正确的沟通，才能穿越愤怒，联结孩子的内心，看见孩子背后真正的需求，使孩子和我们越走越近。所以，当孩子向老师或父母"挑衅"时，与其苦口婆心地一味说教，不如以笔为嘴，化说为写。

从"不用管"到"盖拉蒂"

杨华秀

又是一年橙黄橘绿时，微风不燥，阳光正好。

刚接手的班级，师生互不熟悉。翻开科代表递来的作业登记本，上面缺交作业的名单里，"小慧"这个名字频频出现。小慧，这是怎样一个孩子呢？

"喏，就那个。"顺着科代表的手势看去——讲台下第二个位置坐着一位瘦弱的小女孩，长长的刘海挡住了双眼，小嘴抿得紧紧的。

"小慧，怎么没交作业？"我走过去，轻轻地问。

她，把头埋得低低的，是躲闪还是害羞？我久久地站在她的课桌前，想要个答案，可她始终没有开口。

同学们看到了我的尴尬，异口同声地为我解围道："老师，小慧以前也不交作业的，您不用管她。"

我只是想了解情况，却得到这个答案。都说孩子是人间的天使，我相信每个孩子都有可爱的一面。扫视全班，我发现小慧的头埋得更低了："新的学期新的起点，我相信大家都在努力成长，发扬优点，改进不足。小慧也会的！"我分明看到她渐渐抬起了头，长长的刘海挡不住眼里透露出的惊讶。我很坚定地看着她，她眼神里闪过一阵激动后又低下了头，我留下一句话："中午到我办公室来一下。"

我坐在办公室一直等，等到下午上课铃响，还是没有等到小慧。我再去上作文课时，却发现一个空位，正是小慧的位置，同学们说她经常逃学、偷懒，学习差。她真是这样一个孩子吗？

带着疑问，下课后我去询问班主任。

班主任一听这个名字，就皱着眉头："这个女生很难教，什么都不会，经常不来校。家里就一位老奶奶，不管她的。"教过小慧的老师也纷纷表示，这个女生不写作业，常常旷课，家里都不管她，不用管……真不管吗？我做不到。那我可以为她做点什么呢？我思索着答案。

曾经读过一个故事：皮格马利翁对亲手雕刻的石像充满了期待与爱意，最终感动宙斯，雕像变活，成了美丽的盖拉蒂。我相信小慧一定能改变自己，成为我的"盖拉蒂"。第二天，我怀着这样的期待走进了教室，发现她来了。来了就好！同学们齐读完后，小婕突然举手说："老师，小慧肚子痛。"有学生在旁边嘀咕道："莫不是装的哟！"我装作没有听到，快步来到小慧身边用手探探她的额头，不热。可能是没有吃早餐，我猜想着。同时，想到她有旷课的先例便感觉此时是良好的教育契机："肚子痛都坚持上了这么久的课，真是爱学习的好孩子！我们都要注意身体哦！"我让小婕先带她到我办公室喝杯热开水。待安排好其他同学后，我匆匆来到办公室。

"小慧，现在好些了吗？今天吃早餐了没有？"

果然，她摇了摇头。我拉开办公桌抽屉，哦，同事给的一袋小蛋糕我还没来得及吃。于是，我马上送到小慧手里，又给她接了一杯温开水。

"来，慢慢吃。早餐不吃会饿的，你正在长身体，需要营养，今后记得吃哦！"她小口地吃着蛋糕，默默地点了点头。

教师节那天，办公桌上堆了很多同学的手工贺卡。小慧也怯怯地来到我的办公桌前，双手捧着一张自制的贺卡："杨老师，送给您。"我打开贺卡，只见上面歪歪扭扭写着："杨老师，谢谢您！教师节快乐！"她还笑眯眯地从衣兜里掏出一小袋麦片："我姑姑买的，送给你尝尝。"如此懂得感恩的女孩！信任让我欣喜地看到小慧在悄悄变化！

日子一天一天过去，现在的小慧已经不再总是低着头，长长的刘海也被梳到了一边，不过还是不太爱说话。我想，除了给予她信任，我还应该再做点什么。那天下课后，我正和一位同学在交流。小慧缓缓走到讲台边，小声地问："老师，你知道我们这里到海南省有多远吗？"不是刚刚在地图上找了吗？我奇怪她为何又问。我又想，应该不是单纯地问这个问题吧？于是走到她座位边，和她一起再一次从地图上感受从家乡到海南的距离。她若有所思，我静静地看着她，陪着她，等她开口说话。

沉默片刻后，她幽幽地说："我爸爸妈妈在那里。"

"哦，多久没回了？"

"几年了。之前说今年回来过年的。"

突如其来的新冠疫情，让多少人没能回家过年啊！

"那这么久没见到他们，特别想念，是吗？我理解你的心情。"

泪花在她的眼眶里直打转，我知道，那是一个留守在家里的孩子对亲情的渴望，我的心一阵颤动！

放学后她来到我的办公室，腼腆地递个本子给我看。翻开，原来这是她的日记本，我细细地读着："今天看到小婕吃面条，我流泪了，以前我妈妈总担心我饿，常常煮面条给我吃……"

果然之前的询问事出有因，当我们俯下身子，关注她的喜怒哀乐，她便会向我们敞开心扉。

第二天的语文课上，她竟然高高地举起了手，澄澈的双眼里满是期待，让你情不自禁地看向她。"小慧，请你读。"她读完后，我由衷地赞叹："真好听！普通话标准，吐字清晰，老师相信你会越来越积极的！"她听了后笑得好甜蜜，眸子里注满了快乐。阳光正好透过窗台斜照在她的脸上，窗外三角梅也开得正艳，红旗在风中猎猎飘扬，我们会心地相视而笑。

从此，语文课上再没有看到她开小差，作业欠交登记本上也没有了她的名字。

12 月份去长沙培训一周回来，在周记本上我读到了她的想念与感激之情：你总是关心我，相信我，老师，我会越来越好的！七天没看见你了，我有好多话想对你说。我想说，一年 365 天，爱你每一天……

爱是教育的前提，因为有爱，我充分信任小慧，也自觉地为她做一点什么，再多做一点什么。正是这一点一滴的行动，让她从"不用管"的学生神奇地转变为我的"盖拉蒂"。

要为学生真正做点什么

对学生充满期待，相信他们总有一天会改变自己，向阳而生，这是我们常用的教育机智。

期待，不需要过多的言语表达，而需要转化为教师长久的行动，如此方可让这份期待真正落地发芽。为学生做点什么，比光嘴上说说更能打动他们。小慧这样的学生在有的师生眼中是教不好的"差生"，她极度自卑、孤僻，不敢抬头，不肯诉说。要想让她敞开心门，沐浴阳光，首先要告诉她你对她的期待。用你信任的目光，及时的关切，让她感受到你对她的肯定和期待，让她渐渐放下包袱，挣脱自卑与怯懦，燃起自尊和自信的火炬。同时，老师还要注意细水长流，久久为功。课堂上及时抓住时机鼓励小慧，激发她的学习热情；她伤感时俯身聆听她的倾诉，静默无言守候她的一方世界。让关爱在师者的点滴行动中氤氲开来，渐渐擦亮她的眼眸，从而让她看见阳光。所以，真正为学生做点什么吧，在行动中创造更多的"盖拉蒂"！

我们一起"捉鬼"去

胡满玲

秋天，凉风拂过脸颊，驱走了夏日的炎热，也带走了身体的丝丝倦意，"齐天大圣"们暂时没惹出什么事端，一派"天下太平"的祥和景象。

这是我接手一年级以来最惬意的一个上午。一个月以来我事事手把手教，扫地、拖地、倒垃圾、摆桌椅、收拾书包、放学排队……一件事情反复强调，仍有学生听不懂，做不好；苦口婆心、三番四次教育，仍有孩子我行我素，小错不断。想想自己整日摆事实，讲道理，突然觉得一阵口渴。

端起茶杯，咽摸了一口茶，正想拿起笔改作业，耳边突然响起了一阵尖叫声，那惊恐的尖叫声里夹杂着混乱的脚步声，由远而近。我心头一紧，预感到大事不妙，立刻起身朝着"尖叫声"奔去。

一群孩子拉扯着长长的队伍，边跑边喊："鬼来了！"看着他们不敢回头的惊慌样，仿佛后面真有鬼追过来，让人又好气又好笑。跑在最后面的那个孩子一脸强忍住哭声的可怜样，仿佛在寻求我的支援。来不及刹车，几个孩子不受控制地接连撞到了我的腿上。伶牙俐齿的小女孩喘着粗气向我告状："老师，肖同学说四楼有鬼，是他带我们去看鬼……"没等这个孩子说完，另外的孩子抢着说："他们都说四楼有鬼，一下课就去看鬼……""有人看到地上有一摊血，吓得我们赶快跑，李同学被吓哭了。"说完指着跑在最后面的那位同学。"好吓人呀，他们飞快冲下楼来，差点撞倒了我！"……我心头一紧，这一窝蜂地跑，而且又是下楼，万一发生踩踏事故了，那还了得？再说孩子们一下课就这么大规模地从一楼偷偷跑到四楼，越好奇越传得玄乎，越传得玄乎越好奇，大白天的，"鬼"话连篇，哪还有心思听课呀！今天必须对他们进行一番思想教育了！心里盘算着：下节课要拿出十分钟，科普一下关于"鬼"的知识。

这时，一个眨巴着清澈眼睛的可爱女生，不急不慢而又十分认真地向我补充："我跟他们说了世界上是没有鬼的，可他们就是不信。"是哟，跟他们说了就能彻底消除他们的好奇心吗？这么一问自己，心里还真就没底了。转念一想，不如省点口舌，今天放学带他们绕一圈，到四楼"捉鬼"去。主意已定，我故作惊讶："四楼有鬼呀？那放学后咱们就'捉鬼'去！"这个炸弹级消息一下在全班炸开了锅。

放学后，我特意走在队伍的中间，指挥、鼓励着孩子们排队上四楼。那几个挑起鬼事件的男生，兴奋中带点惊恐，夹在队伍里，不敢靠前。走在前面的是几位平时特别活泼的同学，好奇心驱使他们往前走，胆怯又吓得他们后退，他们用如临大敌的架势面对根本不存在的敌人，那畏畏缩缩、躲躲藏藏的样子甚是可爱、搞笑。只有这个年龄段才有如此的童真童趣，我瞬间融入了他们的世界，羡慕着这群娃娃们天生的纯与真，也很庆幸自己能与娃娃们同行一程。

到了四楼，我抢在了最前面，扫视了一圈，四楼跟一楼的布局差不多，只是没安排教室，有点冷清。有老师开路，审视一番后确实没发现异常，孩子们渐渐放松、活跃了起来。几个本来就不信鬼的孩子质问了："鬼呢？在哪里呀？"眼尖的孩子发现了地上的一摊红，想必是传言中的"血"吧，拉着我挪动脚步移到跟前。"这哪是血呀，明明是油漆。哈哈……"调皮的孩子调侃道："鬼在哪里呀？我们来捉你了！"质疑声又变成了得意："我早就说过，世界上没有鬼的，你还不信，这下看你还信不信。"讨论声四起："电视上面讲过的，世界是没有鬼的。""我家里有一本书上也讲了关于鬼的故事。"……

下楼时，孩子们踏着轻快的脚步，绽放着灿烂的笑容，带着胜利的喜悦，满载亲自体验后的收获，一路欢声笑语走出了校门。一个个跳跃的背影在夕阳的映照下，像一只蝴蝶在阳光下飞舞。道路两旁的树木伫立在秋风中，树叶在风中飞扬，那是生命在自由呼吸、恣意生长。

一会儿，班级群里热闹开了。W妈妈说：今天一接到孩子，孩子就神采飞扬地跟我说，今天胡老师带他们去'捉鬼'了。L妈妈说：是呀，孩子还一脸得意地教育我，世界上是没有鬼的……当天的日记拍照发来，有的同学的日记题目是《捉鬼》，有的同学的日记题目是《四楼历险》……内容也不再是记流水账了。家长的朋友圈里写道：孩子班上同学总说四楼闹鬼，不按常理出牌的老师没有训斥，也没有说教，而是带他们去"捉鬼"，相信这一幕会成为孩子童年生活里一颗闪亮的星。

从此，"鬼"再也没有在孩子们的口中出现过，四楼也像不存在一样，被孩子们淡忘了。我很庆幸自己当时没有多费口舌对孩子们进行说教式的思想教育，而是留给孩子们时间、空间，让他们自己去见证、探索，孩子们在这个过程中，饶有兴致地互相讨论、深刻感受，我只在一边默默观察、静静等待，并享受其中。给孩子们留出成长空间，即便是一年级孩子也会还我们一片惊喜。

技巧提炼

与学生一起去干干

教育之道，在于言传身教。言传身教，又侧重于身教。所谓身教就是不言之教，即以自己的实际行动做榜样进行教育。有时，老师不妨多与学生一起去干干，共同领略教育的真味。

学生说教学楼有鬼，可能是好奇心使然，也可能是某些同学顽皮作祟。不管是何种原因，都是他们在探索这个未知、神奇的世界。这符合低年级学生的心理特点。作为教育工作者，切不可站在大人的角度去训斥，更不能压制。而对于世上并不存在的事情，跟学生们空讲道理，并无多大意义。此时，老师应该与学生们一起去看看，与他们一起去干干，用事实说话，用行动证明。很多时候，学生需要的不是老师的长篇大论，而是与老师一起的"身体力行"。

"实践出真知"，就让我们与学生手拉着手，同频迈步，共同行走在探索的路上，一起去发现世界的神奇与美好！

此时无声胜有声

唐曙光

天气阴沉，北风凛冽，这个冬天没打招呼就气势汹汹地冲过来了。

走出办公室，我打了一个寒颤。下节课是我的主题班会课，像往常一样，我提前几分钟出发。

远远望去，教室里人头攒动，好不热闹。突然，"唐曙光来了！唐曙光来了！"这两句"天籁之音"传入我的耳朵，同时投向我的还有隔着玻璃窗齐刷刷的惊讶眼神——又有学生直呼老师的姓名？我感觉有点冷，赶忙裹紧了衣服。

当面训斥学生？装作没听见？还是……以后还出现怎么办？我思忖着。

我得做点什么……

我推门而入，刚刚还是锣鼓喧天的教室，就在我推门的一瞬间安静了下来，安静得能听到孩子们急促的呼吸声，安静得能听见窗缝里"嗖嗖"的北风声。大家愣在那里，好像在等着威严的法官宣判一样。

山雨欲来风满楼。

我环视四周，发现大家的目光时不时地瞅向一个男生——我的纪律委员小刚。我顿时明白了一切。我刚要说话，只见满脸通红的小刚同学站了起来，低着头结巴道："唐……唐老师，我不应该叫您的名字，我错了，请……请您批评我。"

我慢慢说道："小刚同学，你能在短短的几秒钟内，让一个闹哄哄的教室变得安安静静，把我们班管理得井井有条，等待着老师来上课，不错，你很有能力，要表扬！""啊？"同学们一脸茫然。"但你在公开场合直呼老师姓名，这是不礼貌的行为，要批评！""啊？"接着又是一片愕然。"不过，你在情急之下，通过直呼老师的姓名来管理纪律，说明你很机智。考虑到事出有因，功过可以相抵，对你既不批评也不表扬。"

见同学们还沉浸在刚才的情景中，我打趣道："而且，你对'狐假虎威'这个成语的精髓掌握得很好，也可见唐老师在大家心目中的威望还是很高的。"我抿嘴而笑，学生们晃了晃神，看了看我，也跟着笑了。瞬间，全班同学都哈哈大笑起来，爽朗的笑声一扫教室上空的乌云。

我边说边轻轻地走到小刚身旁，拍了拍他的肩膀，示意他坐下。他眼中闪耀着激动的泪花。

我顿了顿："同学们，今天的主题班会原本是动员大家复习迎考的，现在看来，我得要改一改了，改为讨论'直呼老师姓名好不好'这个话题，怎么样？""好！"教室里响起了一阵噼里啪啦的掌声。

"谁先来说一说？"

小红自告奋勇道："我来，我认为学生直接叫老师姓名肯定是不礼貌的。从小爷爷奶奶就教导我们要尊敬师长。"

"我认为老师一般跟爸妈、叔伯年龄相仿，有的还要年长一些，老师是长辈，不能直呼其名。如果我爸妈知道我不尊敬师长，会让我享受'竹笋炒排骨'。"吴同学边说边摸着自己的屁股，大家在一阵笑声中表示认同。

"还有人要来谈谈吗？"

"老师，我有自己的看法。""鬼机灵"小胡同学站起来说，"有些老师刚出来参加工作不久，二十出头，而我们也有十一二岁了，他们就好像邻家大哥，亲切又随和，偶尔叫叫大哥的名字好像也没问题，这样可以拉近师生的距离。"

"嗯，你说得不无道理。其实，唐老师也认为，叫老师姓名，只要是没有恶意，不是开玩笑，在合适的时间地点也不是不可以的。"我微笑道。

"接下来，老师给大家讲解一下关于姓名的国学知识。"孩子们竖起了小耳朵。"姓名啊，它是由姓和名组成的。人的姓一般是自己的部族确定的，名字是每个人特定的名称符号。古时候，名字是不能随便叫的，古人对名字看得极其重要。像'唐宋八大家'之一中的柳宗元，在写《捕蛇者说》时，最后一句'以俟观人风得焉'就是由'以俟观民风者得焉'改过来的，这里用'人'取代'民'，就是要避唐太宗李世民的讳，不能用到'民'字！当然，皇上的名字肯定不能叫的，这个大家都知道，其实父母、老师、长辈和领导的名字也是要避讳的！"

"是的，老师。不过同辈之间、比自己小的晚辈，则可以直呼其名，甚至小名。"

"对，你说得不错。"

"老师，我记得您曾经讲的'六艺'——礼乐射御书数——中的'礼'字说的就是要尊重别人，人与人之间交往要遵循应有的规矩。"

"你讲得有道理，做到了学以致用，为你点赞！"

"唐老师，我还想到了其他礼仪、礼貌方面的，比如说叫别人外号、起绰号都是不对的，我非常反感。"一名女生不无愤怒地说道。

"是的，叫外号、取外号都是没有礼貌、素养的表现，尤其是侮辱性的外号。"我接过话说道，"同学们，你们可曾听说'东亚病夫'吗？这个外号就是外强欺负、凌辱中国人的表现，欺辱我们中国无能、软弱。中国人只有挺直了腰杆，其他国家才不敢再侮辱中国了！"

"是的，老师，没错。如今，中国以崭新的姿态昂然屹立在大国之列，'中国速度''中国力量''大国风范''大国形象'，这是世界上一些国家给中国最美的称号。""为中国喝彩，为中国自豪！"有同学在下面喊道。

"少年强则国强，少年智则国智，少年富则国富……"不知哪位同学背了《少年中国说》，全班同学开始齐背，激情澎湃，斗志昂扬！

……

"己所不欲，勿施于人。""尊敬别人就是尊敬自己。"……在小刚同学的带领下，大家纷纷在表态，保证遵纪守规，保证友爱同学、尊敬师长……

"好的，同学们，老师相信你们一定会做得更好。"

"同学们，敬人者，人恒敬之；爱人者，人恒爱之。今天这个主题班会开得很成功，同学们都主动地倾诉心事，袒露心计，表明心声。老师看见了大家的反思，也见证了大家的成长！老师要感谢大家的积极参与！最后，老师呼吁大家，从今天开始，从现在做起，不喊师长姓名，不叫同学外号，行文明礼，做文明事，努力做新时代的好少年！"

"叮铃铃"，清脆的下课铃响起，我大步流星地走出教室。天气仍然阴沉沉的，但我觉得今年这个冬天不再寒冷。

文化化人

天地君亲师。学生在大庭广众之下直呼老师姓名，怎么办？是置之不理，沉默以对？还是及时发声，正面管教？此时，不妨文化化人，彰显教育的力量！

文化化人，旨在以人为本。面对突如其来的学生的无礼行为，老师克制情绪，理性分析，不是高高在上地训斥学生，而是设身处地，以学生为本，对当事者不但不批评而且还进行表扬，这看似不合情理的处理，却维护了当事者的自尊，避免了事态扩大化、严重化。

文化化人，重在化人以强。我顺势而为，抛开事先准备好的"复习迎考"的主题班会，转而给学生传授姓名的相关知识，寓教于乐，由"直呼师长姓名"到"乱喊乱取外号"再到注意文明礼仪，引导学生逐层深入，明晓事理，凝聚文明共识，培育"行文明礼，做文明事"的良好风尚，真正让文化发挥力量，融入学习日常，增强学生的整体素质。文化化人，寓教于乐，学生方能行稳致远！

你的荷叶够大吗？

高艳丽

儿时读到冰心的散文，有一句话让我深深地感动，冰心说："母亲啊！你是荷叶，我是红莲，心中的雨点来了，除了你，谁是我在无遮拦天空下的荫蔽？"那时，我为母亲爱护儿女的情景而感动。然而，当我成为一名老师，从事教书育人的工作时，才意识到在学生的心目中，老师就是那片能为学生遮风挡雨的大荷叶。

记得那个风和日丽的上午，因为她被同桌不小心弄湿了书而跟同桌发生了争执，我把她请到了办公室。我微笑着对她说："张同学，跟我说说今天的事情，好吗？"没想到她马上回答道："不好，你一定是要批评我了，你相信他们所说的话了。我就知道他们会向你告状，这些人都是小人，他们只会害人……"我见她情绪相当激动，知道今天的谈话不宜再继续了，于是就简单地说了些为人处世要宽容的道理后，就让她回教室了。第一次谈话匆匆结束，我没有从她身上得到任何信息。那个上午虽然风和日丽，但我的心情非常郁闷。后来听说她回到教室后又大骂了那些"告状"的同学，同学们见她如此嚣张，便尽量避免与她接触，也不敢再向我诉苦了。班上看起来风平浪静，但气氛相当压抑。

其实，张同学之所以变成学生口中的"怪胎"，跟她的家庭环境有很大的关系。她在周记里曾经写道："父亲不管我，母亲也不要我，我已经没有了所谓的人生，我的人生已经完蛋了。"看到这句话时，我就敏锐地意识到她的内心深处正在经受不同寻常的煎熬。可令人气愤的是，当我拨通她父母亲的电话想反映他们女儿的情况时，他们竟然像踢皮球一样，谁都不愿管。对这个连亲生父母都不愿管的孩子，这个已经失去大荷叶遮风挡雨的孩子，我该怎样教育呢？

第一次谈话失败后，整整一个星期我都在静静地思索教育的方法。雨后初晴的日子，我默默地走在校园的君子湖边。初秋的雨，荡涤了荷叶上的微尘，润泽了荷叶、荷花。温润的阳光照在荷叶上，叶子中间几颗晶莹的水珠闪烁成星。荷花不语，秋风却懂一朵心莲，轻轻拂过，将荷香串成一缕诗的芬芳。我深深地陶醉了，和风、细雨、阳光，于无声处拨动生命的节奏，于细微处催化生命的果实。教育也应如是。于是我又找到她进行第二次谈话，只是这次我把谈话的地点选择在室外，也改变了谈话方式——请她和我一起看风景。

天高气爽，云淡风轻，望远山一片深绿，观近处荷花粉嫩，掬一把荷香盈袖，赞一声秋水长天。我和她倚靠着桥上的栏杆，一边欣赏着荷花，一边说着话："你的人生，前面一段路走得很痛苦，这是因为你没有办法选择出身，但是后面的人生之路你可以自己掌握，你看世间还有这么多美丽的风景等着你去欣赏。错过了春日暖阳，还会有夏日苍翠；别过了夏花绚烂，还会有秋叶静美。"我不指望她能主动向我说出自己的想法，只是想让她享受一下这美景，缓解她的情绪。她也不再像上次那样愤愤不平，而是静静地倚靠在栏杆上，脸上若有所思。

接下来的两天，她显得格外沉默，我也只是默默地关注她，没有去打扰她。第三天早上，她没有来上早自习。几位女生围上来告诉我说她肚子疼得厉害，我一听，赶紧跑到寝室，和几位学生把她扶到医务室看医生，幸好只是痛经。回到宿舍，我赶紧按医生的吩咐给她熬了生姜红糖水送到宿舍，其他女生听我的嘱咐帮她泡热牛奶，用热水泡脚。此时的她躺在床上，早已没了平时张牙舞爪的样子，眼睛红红地看着我们忙来忙去。

后来几个星期，我总是抓住各种契机表达自己的关爱：经常关心她的身心状况，在班上表扬她的作业字迹美观，学习认真，进步较快；还称赞她能主动在教室无人时细心打扫，整理劳动工具。她也在关爱中慢慢改变，很少再与同学发生争执。在一次课堂读后感的写作中，她写道："当'坏日子'来临时，我们不要垂头丧气，要以从容的心境勇敢地面对现实，从春天的一丛小草、一只蝴蝶中，从盛夏荷塘的红莲里，从秋日水中流动的月影里，从严冬苍翠的青松里，发现美之所在，找到快乐的源泉。让我们的生命之花在人生的暴风骤雨中盛放！"课后我将她的作品贴在班级表彰墙上，让同学们借鉴学习。同学们看到作品后更是露出了羡慕的眼神，几个活跃的女同学还特地跑到她桌子边对她说："你真棒！"看着她面对同学的热情，手足无措又流露出欢欣的神情时，我暗自为她高兴。

再批改周记时，她竟然用笔向我敞开了心扉，我非常欣喜，但看完内容后，我又同情她的不幸。她的父亲想生儿子，母亲却因为患病不能再生育，于是父母离婚，各自再婚。法院将她判给父亲抚养，但父亲有了儿子后，便不再关心她，母亲更不想为她操心。一夕之间，幸福的生活离她远去，她似乎成了这个世界的多余人，没有人关心她，也没有人爱护她。于是她选择用激烈的方式来掩盖内心的惶恐，捍卫自己的一切，结果既伤害了别人，也孤立了自己。然而，她又写道："老师你对我的关心，同学们对我的照顾，让我感受到了这个世界的温情，让我树立起了坚强生活的信心。……当你领着我一步步走向那荷花时，当你细心地为我准备糖水时，我知道我也有了替自己遮风挡雨的大荷叶，但这片荷叶不像冰心说的是母亲，而是老师……"

每个学生都是一朵含苞待放的花儿，淅淅沥沥的雨点来了，你的荷叶够大吗？

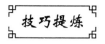

带学生去看风景

当孩子处于绝望时，带她去看看风景吧。用美丽的风景创设一个良好的氛围，让孩子放松身心，放下忧愁，于绝望处见旖旎。

孩子本可以在和谐的家庭中看见最美的风景，可若是像张同学一样成长于一个破碎的家庭，没有父亲的关爱，没有母亲的呵护，目及之处皆是荒凉，如何让她从荒凉中走向繁华的风景？这需要老师机智应对。谈话是常用的教育方法，但并不是万能的策略。此时，带孩子去看看能触动心灵的风景，不失为一种良策。在春日暖阳里，看花红柳绿；在夏日苍翠中，赏红莲挺立；在秋风飒飒时，望落木萧萧；在冬雪皑皑间，见白梅清发。四时风光皆不同，总有一处风景能叩开孩子的心扉，带给孩子心灵的颤动。同时，更要带孩子去创造属于自己的风景。待孩子领略了美丽的自然风光后，再用悉心的引导和鼓励帮助失爱的孩子在内心深处构建属于自己的旖旎风光——自信如花，从容如叶，坚毅似山，温情似水，日后哪怕她再遭遇狂风暴雨，这处永不淋湿的风景终将会指引她走向人生的繁华！

孩子，这程山路陪你一起走过

文 惠

接到这个女孩电话的时候，正值高二暑假，我正在青城山上。她说："老师，我妈妈走了。"夏木阴凉，我的心猛地一沉，停顿了几秒，才问道："你还好吗？"

这个孩子的家庭情况比较复杂，她父亲已年近七十，母亲长年患病，失去了劳动能力，她上面还有一个哥哥，正在上大学。女孩懂事而敏感，常常为家中的事情忧虑。父亲的辛苦，母亲的疾病，上学的开销，成绩的压力……如此种种，都是她心里沉重的包袱。很多时候她来找我谈心，常常伤心至落泪。而这件事情，无疑又让这颗脆弱而敏感的心雪上加霜，我甚至担心，她平时艰难修筑的心墙会不会坍塌？

山林幽深，山势陡峭，弥望的苍翠蓊郁中，蜿蜒的山路显得促狭而崎岖，而一旦急于登上高处，更觉视线被树木阻隔，前路漫漫。一个多小时的通话里，我一边听着她反复诉说自己的懊悔与自责，痛苦与无助，一边不断问自己，怎样才能让她撑住，不要陷入痛苦的漩涡？我细数她平时的体贴与懂事，告诉她已经做得很好了，少有人面对过去的事情没有遗憾，而自责往往是我们用当下的标准去苛责过去的自己……但这样的道理显然很难让她感觉好一些，我几乎没办法通过安慰让她感觉好一些，我感觉只能直面问题。我问她："你爸爸呢？他怎么样？"她说他没有在他们兄妹面前表现出太多的痛苦，只顾着忙东忙西张罗。我说："你一定能想象和体会父亲内心的痛苦，或许是你的十倍、百倍，但依照他的性格，他不会说困难，也不会提痛苦，他或许生怕你们再多引起一点点难受。而哥哥的性格也非常内敛，你是最小的妹妹，却是最能让他们敞开心扉的人，也是最能凝聚家的温暖的人。这个时候你一定要撑住，去体察他们的情绪，在细小的事情上关心、照顾他们，如果可能的话，主动跟他们聊聊，或许他们也一样需要倾诉……"这或许会给她更大的压力，但我希望她把目光从自己身上移开，去关注和关心家人，这会让她暂时转移注意力，而不是反复咀嚼痛苦，我也希望她能感受到自己的力量，从而从无助的感觉里走出来。她带着哭腔——答应我。最后我叮嘱她，如果太难受的话，随时打电话或是发信息给我。

很快就开学了，在一群嘻嘻哈哈的同学之中，她的眼神看起来有些黯淡。"如果你需要聊聊，随时来找我。"我低声对她说。晚自习时间，办公室里的灯光明亮而安静。她坐在我对面，抬头说话的时候已经红了眼圈："为什么我之前没有觉察到她的痛苦呢？我还是太不孝顺了……"我安慰她，或许对她妈妈而言，那不是痛苦，而是一种解脱，妈妈在天有灵一定不希望自己的孩子继续痛苦而无法自拔。我感觉到，虽然倾诉过后，她能平静一些，但这并不代表她真的就能解开心结，放下包袱。

高三的生活总是紧张又忙碌。月考成绩出来，她的成绩依然非常靠后。担心学习的压力与家庭的痛苦这双重的负担她难以承受，我找到几个跟她关系比较近的同学，委婉地告诉她们这个女孩所面临的困境，请她们多多留心，多多关心。同学们原来不太了解她的情况，所以不太能设身处地去理解她的脆弱与情绪化，了解了她的不容易之后，很愿意照顾她。她们告诉我，会在去食堂，或是去散步、去逛街的时候，叫上她一起，尽量不让她单独一个人。她的哥哥发来微信询问成绩，我跟他聊起妹妹对他的崇拜与害怕，优秀的哥哥是她的骄傲，也是压力，她生怕自己成绩太差而让哥哥失望。一次假期回来，她向我描述哥哥与她倾心交谈的情景，她原以为哥哥不太关心她，但通过那次谈话，发现哥哥总在她身处困境的时候伸手拉她。她说："没有人是一座孤岛。"眼神里有些坚定，有些温暖。

借着语文课，我给学生们推荐了胡塞尼的小说《灿烂千阳》和斯科特·派克的心理学著作《少有人走的路》系列，以及史铁生的散文等。十六七岁的女孩子，读到《灿烂千阳》这样的故事，又震惊，又感慨，充满善良的心中涌起的同情淹过了自己的困境与痛苦。阅读，让她在向外看、向前看的过程中，能客观看待自己眼前的困境和自己心中的痛苦，那些我难以通过自己的语言讲透的道理因为生动的故事、深刻的文字而抵达她的心灵深处，让她不再深陷一己之悲和对自己的哀怜或不满之中。她在班级接力日记里写道："我很喜欢毛姆在《生活的道路》中所写的一段话：'对于大多数人来说，生活是由环境决定的。他们在命运的拨弄面前，不仅逆来顺受，甚至还能随遇而安。我尊重这些人，可我并不觉得他们令人振奋。还有一些人，他们把生活紧紧地掌握在自己的手里，似乎一切要按照自己的意愿去创造生活。这样的人虽然寥若晨星，却深深吸引着我。'我想要成为那寥若晨星中的一员，那样的生活被自己所掌控。"

高三下学期，她来找我倾诉谈心的频率越来越低，神情越来越轻松，在周记或班级日记中所写的文字也越来越乐观而充满正能量，她写道："回望过去，每一天里，都会有令我不满意的地方，或是学习，或是家庭，或是人际，或是心境。还好，我不曾放弃，不曾停止思考，不曾因跌倒而失去重新站起来的勇气。"她的成绩进步并不十分理想，但我相信已经不需要担心她面对高考以及高考成绩的心态了。这段艰难的山路，我们终于一起走过。

技巧提炼

陪伴：无言的教育姿态

马克斯·范梅南在他的著作中说，教育工作者有"替代父母"的责任。我想，像父母一样给予学生深情的陪伴是一种无言的教育姿态，亦是一种有效的教育方式。

诚然，失去母亲的这段人生路程于女孩而言是艰难的，但同时这也意味着一个成长的契机。在这个过程中，老师若能给予孩子陪伴呵护和稳定支持，就是助力孩子成长、"润物细无声"的最美好的教育姿态。

马克斯·范梅南认为："儿童需要安全和保护，才能去冒险。"对于一位敏感、内向、刚刚丧母的少女而言，又何尝不是如此？让她在学校获得家庭似的安全感，直面现实，恢复勇气，释放出坚韧和乐观的力量，是助力女孩走出心灵困境的关键。在这个过程中，我紧抓"陪伴"二字，不仅自己时时陪伴，也帮助孩子获得亲友、同学的陪伴，让女孩感受到爱与温暖的同时也加强了与他人的联系，分散了对痛苦的注意力。除此之外，我还特别注意引导女孩享受书籍的陪伴，在他人陪伴所不能及的心灵深处，为女孩寻找心安之法，令其在阅读中整顿心情，开阔视野，转换思维……正是这些有效的陪伴，让女孩最终走过了那段艰难的人生历程。

你看，陪伴虽然无言，却于无声中驱散了阴霾，托起了希望！